시인과 사골국

시인과 사골국

최도이 첫 에세이

좋은땅

| 작가의 말 |

"난 넌 뭐가 좀 다른 게 있나 했어. 이상하게 그림 그리기 대회를 하면 네가 상을 다 받잖아. 그래서 오늘은 뒤에서 널 좀 지켜봤거든. 근데 뭐야? 다른 애들이 반을 다 그리는 동안 넌 도화지에 손도 못 대고 있던데, 어떻게 네가 상을 받는 건지 이해가 안 돼."

초등학교 시절 한 친구의 넋두리이다. 미술 시간에 작정하고 날 관찰했나 보다. 그 친구가 정확히 봤다. 그게 나였다. 과제가 주어졌을 때 시간에 쫓겨 불안해하면서도 바로 시작하지 못했다. 생각하는 시간이 길었으니 속도가 나질 않았다. 그림을 그릴 때도 손도 못 대고 있던 게 아니라 머릿속으로는 이미 그리고 있는 거였다. 머리로 그려 본 그림이 어느 정도 모양새가 잡히고 마음에 들면 그때서야 도화지에 옮겼으니 친구의 말이 틀린 게 아니었다. 상을 받고 안 받고는 내 소관이 아니니 그 결과에 대해선 뭐라 할 말이 없다. 어쨌든 난 좀 그랬다.

지금도 난 예전의 성향을 버리지 못하고 있다. 이름표처럼 달고 나온 천성은 어쩔 수 없나 보다. 계단 오르기를 할 때도, 걷기 운동을 할 때도 머릿속은 온갖 생각 덩어리들이 굴러다닌다. 글감을 떠올리고, 첫 문장을 이렇게 저렇게 수도 없이 써 보고, 때론 문단을 완성하기도 한다. 마음속에서 충분히 글을 숙성시킨 다음 그걸 글자로 옮기면 초고를 두 번 쓰는 격이니 남들보다 시간이 오래 걸릴 수밖에 없다. 즉흥적으로 떠오른 영감을 일필휘지로 써 내려가는 천재성과는 거리가 먼 사람이다. 그러니 나 같은 평범한 사람들은 글쓰기의 진통을 늘 안고 산다. 골몰과 답답과 쾌감이 뒤엉킨 오묘한 진통을.

오랜 세월 논술 교사로 일하며 학생들에게 논리적 글쓰기를 가르쳐 왔다. 설득을 목적으로 하는 글인 만큼 주장의 명료성과 객관적인 근거 제시를 강조했다. 밑천이 얄팍

해지지 않도록 문학과 비문학를 넘나드는 전방위적 독서를 병행하며 하고 있는 일에 열정을 쏟아부었다. 하지만 일은 일, 꿈은 꿈. 마음 저 깊은 곳에서는 언제나 감성을 두드리는 글쓰기 욕구가 스멀거렸다. 그것은 마치 생명체처럼 한 번도 쥐 죽은 듯 고요한 적이 없었다. 그만큼 정서적 글쓰기에 대한 목마름은 나에겐 오랜 지병에 다름없었다. 논리가 아닌 서정. 그게 내 체질에 걸맞은 지향이다. 꿈틀거리며 올라오는 욕구를 누르고 누르다 손을 뗀 순간, 참았던 세월만큼이나 용솟음치는 기세가 나를 책상에 앉게 하고 노트북을 열게 했다. 그렇게 오랜 뜸들이기 끝에 밖으로 내놓은 것이 나의 수필 쓰기이다.

글을 쓰는 동안 내 몸은 자석이 된다. 흩어졌던 기억의 파편들이 내 몸으로 다가와 달라붙는다. 과거와 현재가 두서없이 붙어 있는 그것들을 하나하나 떼어 내 형상을 복원시키는 것이 내 글쓰기 작업이다. 형상화하는 과정이 쉽지 않아 끙끙 앓으면서도, 글감과 문장의 테두리 안에서 몇 날을 헤매도 나에게 글쓰기는 성찰과 성장의 과정이다. 지나온 흔적들을 되돌아보면서 내면과의 대화를 이어 나가고, 나에게서 벗어나 주변과 세계를 따뜻한 눈길로 바라볼 수 있게 되었다. 뭐니 뭐니 해도 수필이라는 옷을 걸치고 글을 쓰면서 삶을 의미 있게 만들어 가려고 노력하게 된다는 것에 감사한다.

뫼비우스 띠처럼 무한 반복되는 희로애락의 트랙. 우리는 오늘도 그 위를 달리고 있고 그것이 인생일지라도 얼마나 다행인가. 네 트랙 중 가운데 '로(怒)'와 '애(哀)'로 버겁더라도 양쪽 가장자리의 '희(喜)'와 '락(樂)'이 든든히 감싸주고 있어 다시 일어설 수 있는 힘이 솟아나니 말이다. 더 다행인 것은 신이 아닌 우리는 어느 순간 트랙 위에서 내려올 수 있다는 것, 즉 유한한 삶이라는 것이다. 그러니 사는 동안 희로애락의 트랙을 질주하더라도 기쁨과 즐거움의 센 기운으로 분노과 슬픔을 잠재우면서 한 번뿐인 삶의 순간순간을 소중하게 가꿔가야 하는 것이 우리의 몫일 것이다.

그 소중한 삶의 이야기들을 쓰고 싶었다. 특별할 것도 없는 질박한 내 글에 누군가 고개를 끄덕여 주고, 누군가 잠시 시름을 내려놓고 입가에 미소를 지어 준다면 그저 감사할 따름이겠다.

첫 에세이집이 나오기까지 헤아릴 수 있는 사람들의 도움이 컸다. 끈끈한 가족과 그 외 적당히 느슨한 관계 안에서 인연이라는 끈으로 연결된 채 지내고 있는 지인들 모두가 고맙다. 좋은 글로 보답하겠다는 말이 영혼 없는 말이라 해도 그것 이상의 표현 수단을 찾지 못했다.
"모두 모두 고맙습니다."

2025. 12.
숲 냄새 짙게 풍기는 인천의 한 북카페에서

| 차례 |

작가의 말 - 5

1부   결핍을 느낄 때

어느 한국인의 회상	- 16
시인과 사골국	- 22
무엇이 우리를 멈추게 할까	- 29
글을 담는 그릇	- 33
타인능해	- 37
늙었다니요	- 42
결핍을 느낄 때	- 46
울려라 집 전화	- 51
산이 나인 듯 내가 산인 듯	- 56
고궁을 부유하다	- 61
멀어져 간 호칭	66
먼 섬	- 71

| 2부 | 붙잡고 싶은 기억들 |

콜럼버스와 나	- 78
실수하는 중	- 85
랜선 모임	- 90
횡재가 별건가	- 95
작가의 선물	- 100
산자락에서	- 105
기적이라고 해 둘게	- 111
어떤 수영복	- 117
붙잡고 싶은 기억들	- 121
가능성의 들판	- 126
화수분	- 130
빗나간 수요 예측	- 135
안동 기행	- 141

3부 겉멋

하루의 문 — 150
아버지와 꽃밭 — 155
겉멋 — 161
수필 그거 — 167
블루마블 — 172
무식한 놈 — 177
어설픈 청소부 — 183
문화에 대한 견해 — 188
3MC의 연극 관람기 — 193
암벽을 타고 하강을 하고 — 198
조화를 이룬다는 것 — 203
올망이 졸망이 — 207
그건 소설 아닌가요 — 212

에필로그 — 218

1부

♢

결핍을 느낄 때

어느 한국인의 회상

나는 한반도에서 태어났다. 태평양 동쪽 끄트머리에 있는 작은 나라. 산수유가 봄 산을 노랗게 물들이고, 여름이면 발 담근 계곡물에 수박과 참외가 둥둥 헤엄치는 곳. 들녘의 이삭들이 갈바람을 따라 넘실거리고, 겨울날엔 하얀 눈송이가 꽃잎처럼 나부끼다 내려앉는 곳. 이토록 아름다운 땅에서 살고 있으니 내 안에 스며 있는 선민의식은 어쩌면 자연스러운 건지도 모른다.

나는 세상과의 첫 만남에서 모두의 환대를 받지는 못했다. 갓난아기라 눈을 제대로 뜨지도 못할 때였지만 그래도 분위기는 느낄 수 있었다. 격식을 따지고 체면을 내세우는 사람들에게 나의 존재는 한없이 가볍고 수치스러웠나 보다. 얼굴에 핏대를 올려 가며 나의 탄생을 부정하는 사람들로 난 너무도 큰 상처를 받았다. 어떻게 버젓이 꿈틀거리는 생명 앞에서 대놓고 악담을 할 수 있는지. 그때의 내 심정은 산신령처럼 연기만 남겨 놓은 채 그 자리에서 펑 사라지고 싶을 정도였다. 그때 내가 바둥거리면서도 꿋꿋하게 버틸 수 있었던 건 오로지 이 사람, 이 한 사람 덕분이었다.

어떤 위기의 상황에서도 나를 지켜 줄 사람, 아버지. 평소의 온화함을 벗어 던진 그 날의 아버지는 서슬 퍼런 장군에 다름없었다. 내 존재를 깎아내리는 사람들을 향해 서릿발 같은 음성으로 호통을 치실 때 얼마나 통쾌하던지 누운 채로 조몰락조몰락 박수를 쳤다. 오랜 준비 끝에 나를 잉태하셨다는 것, 나로 인해 힘없는 사람들이 한 줄기 빛을 보게 되는 세상이 올 거라는 것. 무슨 뜻인지는 정확히 알 수 없었어도 한 가지 분명한 것은 아버지에게 나의 존재는 자랑스러움이라는 것이었다. 그것이면 족했다. 그 이상의 무엇으로도 바꿀 수 없을 만큼 아버지의 한마디 한마디에 내 가슴은 벅찬 기운으로 가득 차 숨이 멎는 것 같았으니까.

다행히도 마음이 선하고 부드러운 말씨를 가진 사람들은 나를 귀하게 대해 주었다. 갓 태어난 나를 신기해하며 한참을 들여다보기도 하고 내 모습을 따라 그려 보기도 하면서 눈빛이 형형해졌다. 시간이 지나면서 선한 사람들 사이에 나를 모르는 사람이 거의 없었고 나는 어느새 그들과 떼려야 뗄 수 없는 한 몸이 되어 있었다. 말에서 피어난 글꽃인 나의 고유함은 차치하고 부차적인 매력은 마력(魔力)을 발휘하는 듯했다. 사람들이 삼삼오오 모인 자리에서는 전기수를 둘러싸고 이야기 한마당이 펼쳐지며 온 마을로 웃음꽃이 번져 나갔다. 그제야 난 깨달았다. 아버지가 했던 그 말, 내 존재로 인해 한 줄기 빛을 보는 세상이 올 거라는 그 말의 의미를.

모든 부모의 마음이 그러하듯 우리 아버지도 그리 잘나지 않은 나에게 아주 근사한 이름을 지어 주셨다. 내 이름은 당시 흔치 않은 네 글자였고 그 안에 반듯한 뜻도 담아 주셔서 난 그 이름값에 누가 되지 않도록 살아왔던 것 같다. 그 후 많은 세월이 흐르는 동안 존재 자체가 사라질 내 인생 최대의 위기의 순간도 있었다. 그 옛날 나의 탄생을 부정하던 사람들과는 차원이 다른 살벌함으로 무장한 사람들. 그들은 무지막지하게 나를 억압하고 짓밟고 아에 입에 올리지도 못하게 했다. 나는 나라를 빼앗긴 동안 죄 없는 죄인이 되어 모습을 감춰야 했고, 실수로라도 나를 읊고 부르다 들킨 사람에게는 호된 중벌이 내려졌다. 엄혹한 시절이었다. 그래도 난 살아남았다. 혹독한 추위에도 푸르름을 잃지 않는 인동초처럼. 그것은 내 힘이 아니었다. 나보다 더 나를 사랑한 사람들이 위험을 무릅쓰고 나를 지켜 준 덕분이었다. 정작 자신들은 나를 지키려다 삶이 파탄 나는 지경이 되면서도 끝까지. 아버지 이상으로 나를 지켜 준 그분들이 있어 나 또한 세상의 찬란한 빛을 다시 볼 수 있었다. 그리고 내 이름도 새롭게 지어졌다. 세련되고 명쾌한 뜻을 담은 두 글자로. 난 지금까지 쓰고 있는 그 이름이 정말 자랑스럽고 마음에 쏙 든다.

 오랜 세월을 사는 동안 슬하에 거느린 자식들이 밤하늘 별만큼이나 무수하다. 한 가지에서 났어도 저마다의 고유함을 간직한 녀석들인데 형편은 천차만별인 것이 못내 가슴 아프다. 사람들의 기호에 따라 몸이 닳도록 사랑받는 자식이 있고 어쩌다 선택받는 자식들도 있고 아예 태어난 이래로 그대로 잠자고 있는 자식들도 있어 마음 한구석이 짠하다. 내가 부모가 되어 보니 잘나가는 몇몇만이 아닌 내 자식 모두가 골고루 어우러져 더 풍성해진 세상을 보는 게 더없는 기쁨이라는 걸 알겠다.

어느 한국인의 회상

요즘 젊은 세대들의 언어유희인들 어떠랴. 나의 모습을 변형해 엉뚱하게 바라보고, 내 신체 일부만을 떼어 내 재미있게 소통하고, 빠르게 돌아가는 시대에 맞춰 내 몸을 팍팍 줄이기도 하는 발랄함. 처음엔 나도 이렇게 저렇게 달라지는 내 모습이 낯설어 머리가 핑핑 돌고 어지러웠다. 하지만 어느 순간 거리낌은 사라지고 젊은이들의 재치 있는 발상에 배시시 웃음을 머금곤 한다. 나는 알고 있다. 그렇게 나의 원래 모습을 바꾸고 자르고 줄여도 겉만 슬쩍궁 달라지는 그 유희의 바탕엔 나를 아끼고 귀히 여기는 마음이 시루떡 켜보다 더 두텁게 깔려 있다는 것을.

'세계적인', '가장 과학적인' 등의 내 이름 앞에 붙는 수식어들이 얼떨떨하지만 세월이 더해 갈수록 나의 진가를 알아봐 주는 이들이 많아 참 행복하다. 사실 이 행복의 몫은 내가 아닌 내 아버지, 아버지를 도운 사람들, 나를 사랑해 준 선한 사람들, 숨어 가면서까지 나를 지켜 준 사람들의 몫이다.

"내생(來生)에도 다시 한반도에 태어나고 싶다. 누가 뭐라 한대도 모국어에 대한 애착 때문에 나는 이 나라를 버릴 수가 없다." 지금은 고인이 되신 스님의 이 한마디가 감사무치게 눈물을 펑펑 쏟던 날, 흐르는 눈물을 훔치며 나는 다짐했다. 나 또한 이 땅에서 태어나 유구한 역사를 함께 일궈 온, 나를 지극히 사랑해 주는 사람들이 살고 있는 이 나라를 영원히 떠날 수가 없다고. 내 고향 한반도를.

시인과 사골국

"이 짐을 가지고 서울까지 친구들을 만나러 가려고?"

남편은 오랜만에 만난다는 친구 모임에, 그것도 번잡한 강남역에서 만난다면서 며칠 전부터 짐꾸러미를 챙기고 있는 게 이상했나 보다.

"친구들 만나고 애들한테 가서 자고 올 거야. 우리 딸들한테 가는데 이게 뭐 어때서. 더한 거라도 들고 갈 수 있어."

내 안에 이토록 진한 모성애가 똬리를 틀고 있었던가. 말을 던져 놓고 나도 흠칫 놀랐다. 품질 좋은 한우 앞다리를 고르고 사태를 듬뿍 넣어 사골 국물을 우려냈다. 두 딸이 먹을 양을 넉넉히 통에 담고 국물에 넣어 먹을 대파도 먹기 좋게 잘라 지퍼백에 담았다. 갓 담근 김장김치도 두어 포기

넣었다. 뜨끈한 사골국에 곁들여 맛있게 먹을 딸들을 생각하니 여전사라도 된 듯 힘이 펄펄 났다.

아뿔사, 만나기로 했던 친구 한 명이 사정이 생겨 약속이 두 달 뒤로 미뤄졌다. 당혹스러웠지만 그래도 딸들에게 가는 건 변함없는 일, 고민이 되는 건 시간이었다. 주말이지만 큰딸은 프로젝트 마무리 일로 출근을 할 테고, 둘째 딸은 점심이 다 되도록 늦잠을 잔다는 걸 잘 알고 있는 터. 딸의 달콤한 수면을 방해하는 센스 없는 엄마가 되긴 싫었다. 딸들은 내가 친구를 만나고 늦은 오후에나 도착하는 줄 알고 있으니 굳이 약속 취소 사실을 알리고 싶지도 않았다. 서울에 가는 김에 모처럼 혼자만의 시간을 보내고 싶었으니까. 살짝이 찾아온 또 다른 여행 찬스라고 생각하니 설레기까지 했다.

어디로 갈까는 고민하지 않았다. 진작부터 꼭 한번 찾아가고 싶었던 곳이 있었다. 김수영 문학관은 지하철에서 내려 마을버스를 타고도 십여 분을 더 걸어 도착한 도봉산 밑자락에 숨어 있었다. 야트막한 건물들을 에워싸는 쌀쌀한 기운, 인적 없는 거리, 나뭇잎을 떨구고 알몸을 드러낸 나무들이 초겨울 풍경을 그려내고 있었다. 익숙한 곳에서 조금만 벗어나면 낯섦이 주는 적당한 긴장감으로 무엇인가 들뜨고 대책 없이 부풀어 오른다. 《소설가 구보 씨의 일일》속 구보 씨는 경성 시내를 배회할 때 늘 노트와 단장(短杖)을 챙기는 멋이 있었거늘. 《천변풍경》을 묘사할 때도 마치 카메라 앵글을 움직이며 촬영하듯 세련미가 넘쳤거늘. 나도 그럴듯한 모습으로 오고 싶었건만 노트 대신 짐보따리라니. 그것도 사골국과 김치와 대파와 밑반찬이 든 커다란. 모성애로 끓어올랐을 때와 문학관을 찾았을 때의 짐보따리는 그 쓸모가 어느새 천덕꾸러기로 변해 있었다.

시인의 서재 앞에서 한동안 머물렀다. 집필하고 원고를 쌓아 두었을 크고 넓은 책상을 나도 갖고 싶다고 생각했다. 시와 에세이와 번역을 위하여 자리를 바꿔가며 쓸 수 있게 한 부인의 배려였다. 책상과 세트인 여섯 개 의자는 다 비어 있는 채로 서재의 주인은 간데없다. 한낮에도 불을 켜고 있는 스탠드만이 혼자 정적을 비추고 있다. 상주사심(常住死心). 일필휘지로 눌러 쓴 시인의 생전 좌우명이 빛바랜 액자 속에 걸려 있다. 늘 죽음을 생각하며 살아야 한다는 의미. 시인은 왜 그토록 치열하게 살아야 했을까.

"선생님, 국어 시간에 피피티로 시(詩)에 대해서 발표하는 게 수행평가예요. 시 한 편 좀 추천해 주세요. 어떤 시라도 괜찮대요."

 중학교 3학년 학생의 부탁을 받고 나는 망설임 없이 그 자리에서 김수영의 〈풀〉을 추천해 주었다. 짓밟혀도 다시 일어나 울고 웃는 민중의 강인함을 풀과 바람의 이미지를 대비시켜 노래한 시. 핸드폰에서 시를 찾아 읽어 주었다. 어두웠던 시기의 사회 현실과 분노를 시와 일치시켰던 시인에 대해 말하는 동안 아이의 눈빛이 반짝였다. 자신 있게 발표할 수 있을 것 같다고 고개를 주억이면서.

 〈풀〉은 시인이 마지막에 남긴 걸작에 걸맞게 양각의 글씨로 문학관 입구 벽면에서 운치를 드러내고 있었다. 예닐곱 그루의 활엽수 위로 쏟아지는 빗줄기 영상이 쓰러진 풀을 적셔 다시 일어서게 하려는 듯 빔 스크린 안에서 계속 흘러내리고 있었다. 바람보다 더 빨리 눕고 바람보다 먼저 일어나는 풀 위로….

 실체 모를 공허함으로 갈피를 잃었던 젊은 시절에 처음 알게 된 시인은 무척이나 낯설었다. 아니 돌풍을 맞은 것 같았다. 서정적인 시에 기대어 위안을 얻으려 했던 나는 시인에게 보기 좋게 걷어차였다. 함축을 벗어던진 직설적 표현에 충격했고, 거침없는 현실 참여는 나의 무력감을 강타했다. 정신이 번쩍 들었다. 돌풍에 휘감기듯 난 시의 심연으로 빠져들었다.

아무래도 나는 비켜서 있다 절정 위에는 서 있지
않고 암만해도 조금쯤 옆으로 비켜서 있다

모래야 나는 얼마큼 적으냐
바람아 먼지야 풀아 나는 얼마큼 적으냐
정말 얼마큼 적으냐

— 김수영 〈어느 날 고궁을 나오면서〉 중

문학관의 단독 방문객이 된 나는 내 젊은 날의 기억을 넘나들며 긴 시간을 시인과 독대했다. 주말이라 사람이 많을 거라 짐작했던 예상은 완전히 빗나갔다. 두 시간가량을 머무는 동안 아무도 그곳을 찾아와 주는 사람이 없어 적막감마저 감도는 분위기에 서글퍼졌다. 공간에서 함께할 누구라도 나타나 주기를 기다리면서 시인의 흔적들을 톺아보았다. 연표에서 몇 년에 걸친 구간이 검회색 구름으로 뒤덮여 있었다. 유학 시절에는 일제의 강제 징집을 피해 중국으로, 6.25 전쟁 때는 인민군에 붙잡혀 북으로, 목숨을 건 탈출 후엔 남한의 포로수용소로 쫓기듯 살아야 했던 긴 구간 안에서 잔뜩 몸을 웅크린 시인의 모습이 보였다. 역사의 소용돌이에 휘둘리며 극도의 공포와 억압을 견뎌야 했던 김수영에게 자유를 향한 외침은 시의 본령이 될 수밖에 없었다. 숱한 목숨과 맞바꾸며 쟁취한 자유와 민주주의가 권력자의 영속욕에 짓밟히는 현실에 시인은 분노했다. 순화(純化)를 거부한 직설적 언어로 저항의 시를 잣는 선봉에 시인이 섰고, 이후에도 꺾이지 않았던 시적 몸짓은 김수영이기에 가능했다.

상주사심. 시인의 서재 위에 붙어 있던 좌우명이 왜 거기에 걸려 있었는지, 왜 그토록 치열하게 살아야 했는지 시인과 소리 없는 대화를 나누는 동안 궁금증은 저절로 풀렸다. 서정과 지성, 순수와 참여의 경계에 의미 있는 발자국을 남기고 홀연히 떠난 시인. 쏟아 내지 못한 미완을 안타까워하는 동료 문인들의 탄식을 시인은 듣고 있는지. 짐보따리를 들고 문학관을 찾은 한 독자의 오랜 흠모를 시인은 알고 있는지.

끝내 도봉산 밑자락에 있는 문학관을 찾아온 사람은 아무도 없었다. 적어도 내가 그곳을 나올 때까지는. 오후에는 무리 지어 밀려드는 방문객들로 북적거리고, 시인의 공간에 활발한 기운이 맴돌기를 바라면서 안내 데스크에 맡겼던 짐보따리를 다시 들었다.

통 속에 담은 사골국물의 출렁거림이 느껴졌다. 시인에 대해 한 움큼 더 알고 가는 내 마음에도 출렁임이 일었다. 다녀간다는 흔적을 끼적이고 허리를 폈을 때 잘 가라고 내다보는 시인의 수척한 얼굴과 퀭한 눈을 보니 발이 금방 떨어지지 않았다. 잠시 멈춰 서서 눈을 마주한 후 뒷걸음질 쳐 나오는 발길이 무거웠다. 맘 같아서는 뜨끈한 사골국 한 사발에 대파를 송송 얹어 갓 담근 김장김치를 곁들인 작은 상이라도 시인께 대접하고 싶었다.

— 제1회 다사함문학상 수상작

무엇이 우리를 멈추게 할까

 따뜻한 봄날. 말 위에 올라탄 선비가 한적한 시골길을 걷고 있다. 말도 어린 하인도 한낮의 봄볕으로 나른해질 즈음 어디선가 들려오는 낭랑한 새소리가 선비의 발길을 멈추게 한다. 워워. 선비는 고삐 줄을 잡아당겨 가던 길을 멈춘다. 고개를 돌려 올려다본 곳에는 한 쌍의 꾀꼬리가 노닐고 있다. 늘어진 수양버들 가지 위에서 포르르 날아올랐다 앉았다를 반복하며 유희를 즐기는 꾀꼬리 한 쌍을 선비는 넋을 잃고 바라보고 있다.

 김홍도의 그림 「마상청앵도」의 대략적인 묘사이다. '말 위에서 꾀꼬리 소리를 듣다'라는 뜻의 이 그림은 조선 풍속화 중에서도 서정미가 가장 뛰어난 작품으로 손꼽힌다. 나뭇가지에서 노닐고 있는 꾀꼬리에게 시선이 멈춘 선비를 따라가다 보면 내 귓가에도 샘물 같은 새소리가 들리는 듯하다. 나는 이 그림을 저장해 두었다가 가끔 마음이 복잡할 때 꺼내 보곤 하는데 그럴 때마다 그림이 넌지시 귀띔해 준다. 바삐 가던 길을 잠시 멈춰 보라고. 그러면 비로소 귀한 것들과 만날 수 있노라고.

얼마 전 차를 운전하며 집으로 오는 길에 나도 멈췄다. 한 라디오 방송에서 들려온 여성 아나운서의 음성이 내 귀를 멈추게 했다. 목소리만 들어도 알아차릴 정도의 유명한 L 아나운서에, 오랜 경륜에서 나오는 매끄러운 진행. 그것을 언급하려 했다면 굳이 이 글을 쓸 필요는 없겠다. 내 귀를 멈추게 했던 것은 프로그램의 협찬사를 소개하는 부분이었다. 20여 개나 되는 업체 이름의 글자 하나하나에 정성을 꾹꾹 담아 읽어 주는 정확한 발음. 듣고 있는 입장에서는 마치 업체 이름을 기억해 달라는 무언의 부탁을 받는 것 같아 얼마나 집중해서 듣게 되던지.

대부분의 음악 프로그램이 그렇듯 그녀가 진행하는 방송에서도 노래와 노래 사이에 맥을 끊는 상업 광고가 자주 나온다. 그럴 때 협찬사 소개 부분에서 기계적으로 순식간에 읽는다든가 때로는 신입들에게 대신 읽게 하는 진행을 심심찮게 듣던 터라 내 귀에 L 아나운서의 발음이 유독 색다르게 들렸는지 모르겠다. 어쨌든 듣는 입장에서는 저절로 협찬사 이름이 머릿속에 남는 걸 보면 청취자들에게 업체 이름을 또렷이 각인시키고자 하는 그녀의 야무진 의도는 가히 성공적이라 하겠다.

짐작건대 라디오 프로그램의 협찬사들이 대부분 인지도가 낮은 중소 업체들인 걸 보면 회사를 홍보하기 위한 고육지책으로 라디오 광고를 택했을 것이다. 반면 방송사 입장에서는 업체들의 협찬으로 청취자들에게 다양한 상품을 선물하고 참여를 유도할 수 있으니 L 아나운서는 감사와 보답의 마음을 얹어 협찬사 이름 하나하나를 성심껏 읽었으리라. 그녀의 마음이 고스란히 담긴 성의 있는 발음이 오늘도 내 귀를 멈추게 한다.

부지깽이를 심어도 싹이 난다는 봄이다. 봄이 찾아오니 주변은 온통 꿈틀거리는 생명들로 소란스럽다. 시인 박목월은 "…돌아온 4월은 생명의 등불을 밝혀 눈다. 빛나는 꿈의 계절아…"라며 생명의 계절인 4월의 봄을 노래했다. 시인들은 사람들이 무심히 지나쳤던 순간들로 우리를 안내하지만 삶의 순간들을 포착하는 것이 어찌 시인들만의 몫이랴. 누구나 시인이 될 수 있는 계절인 지금이 발견의 적기다. 계절의 변화에도 둔감한 채 속도를 쫓아가던 발길을 잠시 멈추고 소중한 것들과 마주하기엔. 그리고 찾아보시라. 거기엔 일상에 파묻혀 발견하지 못했던 작고 귀한 것들이 파편처럼 박혀 빛나고 있을 것이다. 이른 봄 흙 틈을 비집고 올라온 튤립 새싹, 아침 길을 배웅하듯 따라붙으며 짹짹거리는 이름 모를 새, 한껏 용기 내어 한쪽 손을 들고 횡단보도를 건너는 아이, 폐휴지를 실은 할머니의 짐수레가 속도를 방해해도 경적을 울리지 않고 천천히 뒤따라가는 자동차…….

오늘 무엇이 당신을 멈추게 했는지.

듣고 싶다.

글을 담는 그릇

 우리는 사람을 만나면 얼굴을 가장 먼저 보게 된다. 상대의 눈을 바라보고 얼굴 표정을 읽는다. 처음 만나는 사람이라도 얼굴을 보면 대략적으로 '아, 어떻겠구나' 정도의 판단이 서게 된다. 잘 알고 있는 사람이라면 얼굴빛을 살피며 그동안의 변화를 읽어 낼 수 있다. 어디가 아프지는 않았는지, 근심이 있는 것은 아닌지 얼굴만 봐도 어느 정도 속을 읽어 낼 수 있다. 그만큼 얼굴은 한 사람을 가늠하는 바로미터라고 할 수 있겠다.

 글에도 얼굴이 있다고 말하면 이상한 소리로 들릴까? 하지만 분명 글에도 얼굴이 있다. 글을 쓴 작가라고 얼굴이 될 수 없고, 인상적으로 시작한 첫 문장도 얼굴이 될 수 없다. 글을 담는 그릇, 바로 '제목'이 글의 얼굴이다. 제목이 수천, 수만 소재의 글을 담는 그릇이라고 볼 때 정작 그릇의 크기는 아주 작다. 적게는 한 글자, 많아도 한 문장 들어갈 정도의 크기밖에 안 된다. 하지만 그릇은 작아도 그 안에 품고 있는 의미는 헤아리기 힘들 정도로 광활하다. 글을 쓰는 일을 업으로 하는 이들이 제목 쓰기에 고심하는 이유가 여기에 있는 것이다. 프랑스의 작가 발자크는 수없이 글을 다듬고 고치는 퇴고의 달인으로 유명한데 한 줄의 제목을 쓰는 데에도 수십 번 이상 쓰고 고치기를 반복하는 것은 기본이었다.

글의 제목은 사람의 얼굴과는 성질이 달라서 상대에게 그대로 읽히면 매력이 없다. 제목에 친절하게 내용을 드러낸다면 읽고 싶은 호기심이 반감되어 '안 읽어도 대충 알겠네'라고 생각할 수 있다. 온라인상에서 많이 쓰이는 줄임말처럼 '제곧내'(제목이 곧 내용)가 되는 격이다. 그렇다고 해서 내용과 동떨어진 제목을 붙이는 건 더 곤란하다. 제목과 내용이 따로 노는 글은 왠지 읽고 났을 때 기만당한 느낌을 줄 수 있으니 그 또한 지양해야 한다. 그러니 몇 백 페이지의 장편을 쓰는 작가여도 한 줄 제목 쓰기가 가장 곤혹이라고 말할 수밖에. 읽는 이에게 획득당할 수 있는 매력을 풍기려면 제목은 모름지기 반투명 창문 같아야 한다. 안이 궁금해 죽겠는데 눈을 대고 창문을 들여다봐도 보일 듯 말 듯 해서 답답해 죽겠는. 결국 문을 열고 직접 들어가 봐야 제대로 실체를 볼 수 있게 유도해야 한다.

실제 책 제목으로 예를 들어 보도록 하자. 잃어버린 세대로 대표되는 헤밍웨이에게 노벨 문학상을 안겨 준 결정적인 작품이 《노인과 바다》이다. 그런데 《바다 위에서 청새치와 벌이는 노인의 사투》 정도로 제목을 붙였다면 어땠을까. 아마도 독자들은 너무도 친절하게 책 내용을 안내하는 제목을 보고 굳이 책을 읽어 보고 싶은 충동을 느끼지 못했을 것이다. '파멸할 수 있을지언정 패배하지 않는'* 인간의 집념과 용기를 만나지 못했을 것이다. 독일의 철학자 니체의 저서인 《차라투스트라는 이렇게 말했다》는 어떤가. 저자의 명성은 차치하고, 호기심을 자극하는 불친절한 제목에 이끌려 오백 쪽에 달하는 내용임에도 우리는 읽었다. 차라투스트라의 입을 빌려 우리에게 인간의 불안한 한계를

---
* 헤밍웨이의 《노인과 바다》에서 가져온 문장.

넘어선 '초인'의 자유로운 정신과 자유로운 심장을 안내하며 지금까지 철학 고전의 자리를 지키고 있는 데는 제목도 한몫을 하고 있다. 조선 후기의 판소리계 소설인 《흥부와 놀부》도 마찬가지이다. 제목만 보면 누가 악인이고, 누가 선한 인물인지 드러나지 않는다. 그냥 '부' 자를 돌림자로 쓰는 형제 이야기일 거라는 짐작만 할 뿐이다. 내용을 읽어 봐야 비로소 법 없이도 살 것 같은 흥부와 세상에서 둘째가라면 서러울 악인 캐릭터 놀부를 제대로 만나 볼 수 있다. 만약 제목이 《착한 흥부와 못된 놀부》였다면 그 제목의 과한 친절함에 책을 다 읽은 것과 다름없다고 여기고 외면했을 것이고, 권선징악의 교훈으로 대표되는 지금의 국민 옛이야기가 되지 못했을 수도 있다.

속된 표현을 빌리자면 제목만 잘 써도 반은 먹고 들어간다는 말이 있다. 그만큼 제목의 힘과 중요성을 방증하는 말일 것이다. 내용이 훤히 다 읽히는 제목은 왠지 매력 없고 풋내기 느낌을 지울 수 없다. 보일 듯 말 듯, 알 듯 모를 듯 경계를 넘지 않는 품격 있는 제목, 그것이 안에 담긴 글을 빛나게 해 주는 글 그릇임을 잊지 말자. 이제부터 제목 쓰기의 고수가 되어 보자.

타인능해

 우리 집엔 한동안 사과 향으로 가득했다. 현관문을 열고 들어서면 집안 가득 스며든 향긋한 사과 향에 기분이 좋아졌다. 사과 과수원이 통째로 우리 집으로 들어온 것처럼. 사과 한 상자를 털어 냉장고의 야채 칸을 가득 채웠다. 더 이상 넣을 곳이 없는 또 한 상자는 과수원에서 쓰는 노란 플라스틱 상자에 담은 채로 거실 한구석에 놓아두었다. 그곳에서 발산하는 향기가 집안을 과수원으로 착각하게 할 정도로 사과 향으로 가득 채워 주고 있었던 것이다.

 지난수에 시댁의 사과 수확에 가족들이 전부 동원되었다. 산을 깎아 만든 과수원에는 산머리에서 산자락까지 온통 발그레한 사과나무로 뒤덮였다. 탐스럽게 잘 익은 사과를 매단 가지들이 무게를 이기지 못하고 축축 늘어져 있고, 사과 향이 사방에 퍼져 있어 굳이 코를 벌름거리지 않아도 그 좋은 내음이 그대로 전해졌다. 올해 사과 농사는 평년작을 훨씬 웃도는 풍작이란다. 아주버님이 하시는 말을 익히 들었지만 현장에서 느끼는 실제감에 비하랴. 사다리를 타고 올라가 높은 가지에 달린 사과를 따는 것은 아주버님과 남편이, 손이 닿는 낮은 가지에서 섬세하게 따 내는 작업은 형님과 시누이가, 따 낸 사과들을 어깨에 짊어지고 나르는 것은 건장한 남자 조카들이, 그리고 수확에 요령이 없는 나와 우리 딸들은 자리를 잡고 앉아 흠집 있는 사과를 골라내는 선별 작업을 했다. 온 가족이 합세해 철저한 분업으로 진행하니 예상보다 일찍 작업을 마무리할 수 있었다. 그렇게 온 가족들의 노고가 담긴 채로 사과 두 상자가 우리 집에 오게 된 것이다.

식구들이 먹는 것은 상품성이 떨어지는 것들이다. 얼핏 보기엔 멀쩡해 보여도 자세히 보면 새들이 파먹은 흔적이 있는 것, 빨간색이 고르지 않은 것, 나무에서 따다가 가위나 손톱자국에 파인 것들이 보이는데 그런 것들은 상품 가치가 없어 가족들의 몫이 된다. 당연히 우리 집에 온 것도 파치가 섞인 것이지만 맛은 기막히게 꿀맛이다. 거기에 흠집 없는 실한 사과들까지 더해 주셨으니 우리 식구 네 명이 먹기에는 너무 많은 양이었다. 오자마자 비닐봉지에 조금씩 나눠 담아 지인들에게 돌렸는데도 여전히 많은 양이 남았다. 남편은 냉장고에 자리가 없으면 김치 냉장고에도 보관하라고 하지만 난 김치 냄새가 스며드는 게 싫어 그곳에는 과일을 넣어 두지 않는다. 남은 한 상자를 어떡할까 내내 신경이 쓰였다. 사과 향이 좋다고 언제까지 실온에 놓아둘 수가 없었다. 하루 이틀 지나면서 신선도가 떨어지는 것 같아 안 되겠다 싶었다.

순간적으로 떠오른 것이 푸드뱅크였다. 푸드뱅크는 말 그대로 먹거리 은행이다. 자신들의 먹을 것을 어려운 이들에게 나누어 주는 방식이다. 사회복지가 발달한 선진국에서는 이미 오래전부터 시행되고 있고, 우리나라에도 곳곳에 설립되어 운영되는 것을 알고 있던 터였다. 어렵지 않게 가까운 곳을 찾아 전화했더니 그날로 담당 직원이 방문해 사과를 거둬 갔다. 집 안에서 사과 향이 사라진 것은 아쉬웠지만 신경 쓰이던 것이 해결되니 속은 후련했다. 그런데 한 시간 정도 뒤에 도착한 문자 메시지를 읽으며 뜨끔했다. '후원자님의 기부 상품은 관내 노인 시설 두 곳에 전달했습니다'라는 내용과 함께 시설의 건물 앞에서 전달을 주고받는 장면을 찍은 사진 두 장을 보내온 것이다. 나는 순수한 마음으로 어려운 이웃과 나누기 위해 푸드뱅크를 찾은 것이 아니었다. 남은 사과를 빨리 처치하기 위한 방편이었는데 후원자로, 기부자로 미화되어 대접받는 것 같아 양심에 찔릴 수밖에. 본인이 원하면 연말 정산 때 기부금으로 환산해 세금 감면도 받을 수 있단다. 나처럼 생각 없이 하는 작은 행동도 가치 있게 평가하고, 체계적인 관리와 지원이 이루어지고 있다는 것을 처음 알았다. 내가 그동안 나눔에 대해 얼마나 주먹구구식으로 인식해 왔는지 부끄러웠다.

타인능해(他人能解)라는 말이 있다. '타인도 열 수 있게 해 주위에 굶주린 사람이 없게 하라'는 뜻이다. 조선 영조 때 전라남도 일대에서 내로라하는 부자였던 류이주라는 양반이 쌀독에 새겨 넣은 말이다. 방이 99칸이나 될 정도로 부자였던 류이주의 집에는 쌀이 두 가마 정도 들어갈 수 있는 커다란 쌀독이 있었는데 거기에 '타인능해'라 새겨 놓고 배가 고픈 사람은 누구든 뒤주에서 쌀을 꺼내 가라고 했다. 주변의 굶주린 사람들은 류이주의 집으로 찾아가 먹을 만큼의 쌀을 가져갔고, 타인능해 덕분에 배고픔을 면하게 된 사람들은 열심히 일을 해서 가져간 쌀을 채워 넣었다. 따로 지키는 사람이 없어도 쌀을 도둑맞거나 바닥을 보이는 일이 없었다고 한다.* 나눔의 정신이 배어 있는 타인능해야말로 조선 시대의 푸드뱅크였던 것이다.

어디선가 읽었던 이 이야기가 떠올라 어쭙잖은 내 행동에 경종을 울려 주었다. 타인능해만큼의 큰 독은 갖고 있지 않지만 작은 독이면 어떠랴. 소매 긴 김에 춤추기로 했다. 먹거리 은행과의 인연을 계속 이어 가기로 마음먹었다.

---

* 《세상을 바꾼 착한 부자들》, 글 서지원 정우진 외 2명, 상상의 집 펴냄, 2018.

늙었다니요

"……내가 그의 이름을 불러 주었을 때/그는 나에게로 와서 꽃이 되었다/내가 그의 이름을 불러 준 것처럼/나의 이 빛깔과 향기에 알맞은/누가 나의 이름을 불러 다오……"*

누군가에게 의미 있는 존재가 되고 싶은 바람이 담긴 이 시를 한때는 옮겨 적고, 선물하고 달달 읊기도 하면서 빠져들었던 시기가 있었다. 감수성이 물오를 대로 올랐던 나는 당시 문학을 꿈꾸던 여고생이었다. 줄 없는 공책에 캘리그라피의 기교를 발휘해 시를 쓰고 그럴듯한 그림을 곁들인

---

* 김춘수의 시인의 〈꽃〉 중에서.

시화(詩畵)로 공책을 채워 가며 여고생의 낭만을 즐겼다. 시에서 노래하듯 나의 빛깔과 향기에 걸맞은 이름으로 불리기를 원했다. 세상의 온갖 이름이라는 것은 누군가에게 의미 있는 존재로 인식되기를 바라는 간절함의 표상일 것이다.

오래된 기억을 소환해 김춘수 시인의 〈꽃〉을 떠올리고 이름에 대한 상념에 빠지게 된 계기가 있다. 하루 일을 마치고 곤죽이 되어 귀가한 어느 날, 피곤에 지친 몸을 소파에 기댄 채 TV 리모컨을 눌렀다. 그때 화면 속 드라마에서는 거실에 앉은 두 여자의 대화가 이어지고 있었다.

"자기 이거 먹어 봐. 내가 만든 죽인데 정말 환상적인 맛이야."

그릇을 받아 든 여자가 한 숟가락을 떠서 입에 넣고는 맛을 음미하더니 호들갑스럽게 반응한다.

"완전 맛있다! 이거 뭘로 만든 죽이야? 정말 자기가 만든 거 맞아?"

"그렇다니까. 늙은 호박으로 만든 건데 나도 늙은 호박이 이런 맛을 낼 줄 몰랐다니까."

화면 속 여자들의 대화를 무심코 듣고 있자니 왠지 불편해졌다. 그날따라 '늙은 호박'이라는 말이 선명하게 들렸다. 마치 내 귓전에 바짝 대고 한 글자 한 글자를 또박또박 발음해 주는 것처럼. 늙은 호박이라는 말이 나이가 들어가면서 조금만 무리했다 싶으면 체력이 방전되는 나를 두고 하는 말 같아서 귀에 거슬렸다. 리모컨의 꺼짐 버튼을 눌렀다. 원치 않았을 '늙은'을 수식어로 달고 있는 늙은 호박 입장에서는 그 이름이 얼마나 야속하게 들릴까? 늙었다는 것이 수치스러운 것도 잘못도 아니지만 듣는 순간 불쾌하게 느껴지는 어감임은 분명한 사실이다 보니 늙은 호박에 연민이 느껴질 수밖에.

그러기에 우리도 젊은이의 반의어로 '늙은이'가 아닌 '어르신'으로 존경의 뜻을 담아 정중하게 부르고 있다. 비단 사람한테만이 아니다. 호박과 사촌 격인 오이 또한 늙은 오이 대신 '노각'이라는 이름으로 완곡하게 부르고 있으니 '늙은 호박'은 형평성에도 어긋나는 이름이지 않은가. 한여름 뙤약볕을 이겨 내고 내리꽂히는 소낙비의 난타도 참아 내며 몸을 부풀렸건만 돌아온 보상치고는 야속하기 그지없다고 항변하지 않겠는가. 호박죽, 호박 시루떡, 호박즙, 호박전, 호박 말랭이, 호박 김칫국……. 늙은 몸이 잘리고, 갈리고, 저며지고, 튀겨진 후에 재탄생하는 온갖 호박 요리에 우리는 얼마나 다채로운 맛의 호사를 누려 오고 있는가.

그동안 우리는 존재에 대한 애정과 이해 없이 늙은 호박이라고 원색적으로 불러 댔다. 노각 못지않게 완곡한 표현인 '청둥호박'이 버젓이 있음에도 우리는 야박하게 늙은 호박의 절규를 외면해 왔다. 늙어서 겉이 굳고 씨가 잘 여문 호박. 그것의 이름은 다름 아닌 '청둥호박'임을 기억하자. 늙은 오이보다 노각이 더 많이 불리는 것처럼 늙은 호박보다 청둥호박이라고 더 자주 불러 주자. 오는 일요일엔 청둥호박에 찹쌀가루를 버무려 걸쭉하게 호박범벅을 쑤어 먹어야겠다.

늘 그래 왔다고 상대방이 원치 않는 별칭을 붙이고 있지는 않은지 우리 주변도 돌아보자. 친구들이 장난삼아 점박이라고 부르는 게 싫어서 생전 가지 않던 피부과를 찾아 점을 뺐다는 사람, 유전으로 인해 젊은 나이에도 머리카락이 하얗게 된 것을 친구들이 애늙은이라고 부르는 통에 염색을 자주 하게 됐다는 사람, …사람, …사람….

〈꽃〉의 시어처럼 애정과 관심으로 서로를 바라본다면 고스란히 그의 빛깔과 향기에 맞는 이름을 불러 줄 수 있다. 나는 너에게 너는 나에게 제대로 된 이름을 불러 수는 정성을 발휘해 보면 어떨까.

결핍을 느낄 때

 입구에서 나를 맞은 건 꽃잎이었다. 다섯 손가락을 쫙 편 것 같은 활짝 핀 꽃잎들이 웃으며 반겨 주니 첫인상부터 상큼하다. 캔버스에 실크스크린으로 피워 낸 앤디 워홀의 「꽃」 작품들이 미술관 입구에 전시되어 티켓팅을 하러 가는 관람객들의 발길을 잡아끈다. "어서 오세요. 환영합니다." 파랑 보라 노랑 꽃잎들이 앞다퉈 인사한다. 한국 근현대 화가들의 그림을 전시하는 큐레이션에 앤디 워홀의 그림이 생뚱맞은 듯해도 전시장 내부로의 호기심을 이끄는 데는 신박한 발상이라고 생각했다.

 얼마 전 인터넷에 올라온 기사를 읽으며 눈을 의심했던

기억이 떠올랐다. 미국 LA의 카운티 미술관이 마련한 LACMA [한국의 보물들] 전에 출품된 이중섭·박수근 그림 등 작품 일부가 위작으로 의심된다는 기사였다. 한국 미술사에 굵직한 족적을 남긴 두 거장의 작품이 저 먼 타국에서 의심의 꼬리표를 단 채 전시되고 있다는 내용에 난 퍽퍽한 고구마를 먹다가 얹힌 것처럼 마음이 불편했다. 예술 작품을 두고 간간이 벌어지는 위작 논란을 가 계신 저 먼 곳에서는 알고나 있을까? 문득 보고 싶어졌다. 이중섭의 익살스런 서귀포 그림들이, 박수근의 빨래터 여인들이. 그 기사가 휩쓸고 지나간 몇 달 뒤 서울 미술관에서 [나는 지금 잘 지내고 있습니다] 기획전이 열리고 있다는 소식을 접했다. 반가웠다. 거기에 가면 우리나라 근대화가들과 그중에서도 상처받았을 이중섭·박수근을 만날 수 있겠구나 생각을 했고 그것이 이 미술관을 찾게 된 이유였다.

앤디 워홀의 그림을 뒤로하고 들어선 전시장 내부는 아직 이른 시간이어서 전용 관람을 하고 있는 듯 한산했다. 천장에서 그림을 향해 비추는 낮은 조도, 들릴 듯 말 듯한 음악 선율. 차분한 분위기가 이끄는 곳에서 마주한 건 신사임당의 「초충도」였다. 양귀비와 패랭이, 달개비가 섞여

서 피어 있고, 땅바닥에는 주변을 살피는 사마귀와 쇠똥구리가, 꽃잎 주변으로는 잠자리와 나비가 날아다니는 그림들. 꽃과 풀과 곤충이 교감하는 작은 그림들이 섬세하면서도 아름다웠다. 금방이라도 액자 속 나방들이 윙윙 날아와 내 옷에 가루를 묻히고 날아갈 것만 같았다. 기대하지 못했던 신사임당의 「초충도」를 직접 볼 수 있어서 그 감격이 더 컸다.

한 벽면을 장식한 추사 김정희의 붓글씨 서체는 누렇게 변한 한지 위에 새겨진 채 장승처럼 길게 걸려 있었다. 흘러내리면서도 완벽한 균형과 독특한 추사의 서체를 보고 있자니 학자이자 예술가로서의 멋스러움이 풍겨 나오는 듯했다.

조선 시대를 거쳐 근현대의 이중섭과 박수근의 안부를 확인하려면 좀 더 걸어가야 한다. 가는 길에 꽁지 깃털에 굵은 필치로 수탉의 강인함을 표현한 이응노의 「수탉」, 바보 화가 김기창이 그린 「태양을 먹은 새」의 주황과 검정의 조화가 주는 불사조의 신비로움 앞에서 한동안 머물렀다. 동선을 따라가다 만난 대형 작품들 앞에서는 소리 없는 탄성을 내지를 수밖에 없었다. 전시장 바닥에서 천장까지 닿는 높이와 한 벽면을 가로로 다 덮고 있는 거대한 작품들. 그 크기에 압도당하며 작품 속으로 빨려 들어가 이야기와 만나고 함축과 상징을 찾아 한참을 헤매기도 했다. 이우환의 「무한의 공간」, 이대원의 「사과나무」, 김환기의 「십만 개의 점」…….

그러고 나서 정말 잘 지내고 있는지 확인하고 싶었던 이중섭을 만났다. 이번 전시의 핵심이었던 만큼 '스페셜 챕터'로 마련된 공간은 마치 그가 살고 있는 동네에 와 있는 듯했다. 아내와 두 아들에게 보낸 엽서들, 황소의 당당함과 벌거벗고 노니는 익살스런 그림들, 지인들과 함께했던 생전의 사진들을 포함해 많은 자료들이 작은 동네에서 활기차게 살아 움직이고 있었다. 나는 그 순간 한동안 소원했지만 늘 그리워하던 사람을 만나 낯빛을 살폈을 때처럼 뭉클한 게 올라왔다. 전에 없던 감정이었다. 덥수룩하게 수염을 달고 행복한 표정으로 그림을 그리는 중섭이 나에게 말을 건넨다. "위작 논란이 시끄러워도 난 언제나 끄떡없었소. 이번에도 잘 지내고 있다오."

함께 보고 싶었던 박수근 그림이 없어 발길을 돌리기가 못내 아쉬웠다. 다행히도 미술관 출구 끝자락에 마련된 아 너스홀 한 벽면에서 그의 그림 한 점을 발견했다. 품에 안은 젖먹이 아기를 그윽한 눈길로 내려보는 「젖먹이는 여인」 역시 보기만 해도 푸근해지는 특유의 그림이다. 그렇게라도 박수근을 만났고 그 또한 잘 지내고 있었다.

 난 미술관을 자주 가는 편이다. 마음의 결핍을 느낄 때면 혼자라도 가게 된다. 번잡한 현실 너머의 공간이어서, 말없이 말 걸어 주는 공간이어서 찾게 되는 곳이다. 그림으로 말을 걸어오는 작품 앞에서 나도 한동안 눈을 맞추고 대화를 한다. 그림은 나에게 자신을 온전히 내어 준다. 색채와 구도와 구상 전부를. 난 그것을 감상하며 가슴으로 받아들인 다음 때론 수수께끼처럼 숨겨 놓은 의미들을 찾아보고 끄덕이기도 하면서 그림과 대화를 나눈다. 그렇게 또 다음 그림들과 만나다 보면 두어 시간이 금방 지나간다. 현실 너머의 공간에 있는 동안 예술이 주는 위안으로 마음이 고옥해지고 뭔지 모르는 결핍으로 허기졌던 마음도 어느새 꽉 채워진다.

 이번 미술관 나들이는 두 딸과의 동행이어서 더 좋았다. 누군가와 때로는 혼자라도, 가는 동안 설레고 머무는 내내 행복한 미술관은 언제나 나에겐 채움의 공간이다.

울려라 집 전화

시간의 흐름과 시대의 변화로 세상은 눈에 띄게 달라져 간다. 한때 최신 기술이었던 것, 유행으로 여겨 따르던 것들이 점차 시간 속으로 흘러가고 있다. 동네 사람들이 함께 모여 시청하던 브라운관 텔레비전이 역사 속으로 사라진 지 오래고, 음반을 돌리던 턴테이블도 레트로 열풍을 탄 감성 품목이 되었다. 이젠 집 전화마저도 만능을 장착한 휴대 전화에 밀려 머잖아 사라질 위기에 처해 있다. 휴대 전화 보급률이 이미 우리나라 인구수를 웃돌고 있는 것과 대조적으로 집 전화의 쓸모는 점점 사위어 한 시절의 흔적으로 남게 될 날이 머지않았다.

"따르르릉 따르르릉"

월요일 아침이면 어김없이 집 전화선을 타고 와 나를 찾는 사람이 있다.

"너 오늘 논다고 했쟈? 그런 거 같아서 그냥 전화해 봤다."

친정 엄마이다. 특별한 용건 없이 전화한 게 민망한지 '그냥 했다'는 말을 늘 앞세우신다.

"엄마 기억력 좋으시네. 방금 했던 말도 기억이 안 난다고 하시면서 내가 쉬는 월요일은 확실하게 알고 계시네. 딸인 나보다 훨씬 기억력이 좋으시네."

월요일의 통화는 어릴 적 시골 밥상처럼 늘 그게 그거다. 하루 전 일요일에는 뭐 했는지, 아침은 뭐 하고 드셨는지, 다른 딸들과는 통화했는지 등 특별할 게 없다. 나는 화제가 떨어져 간다 싶으면 매일 아침 제일 먼저 하신다는 그날의 화투 운세를 물어보곤 한다. "오늘? 별거 안 나왔어" 하시면서도 그 물음에 답할 땐 항상 웃음 섞인 활기가 느껴진다. 화투는 평생 당신의 친구라면서 짝꿍처럼 베개 옆에 놓아두고 심심풀이로 삼는 걸 보면 그나마 즐길 게 있어 다행이지 싶다.

한참 전 엄마의 휴대 전화에 당신 자식들의 휴대 전화번호를 순서대로 저장해 드렸다. 같이 사는 아들 며느리부터 첫째 딸, 둘째 딸, 셋째 딸…, 다섯째 딸까지. 전화할 때는 이름 보고 가볍게 터치만 하면 쉽게 걸 수 있다고 몇 번이나 설명을 해 드렸건만 엄마는 구슬이 서 말이라도 보배로 꿰고 싶지 않은가 보다. 그냥 예전부터 해 오던 습관대로 휴대 전화보다 집 전화번호로 저절로 걸어진댄다. 당신이 방금 했던 말도 잊어 먹고 했던 말을 또 하실 때가 많으신 분이, 치매 초기 증상이라 매일 약도 드시는 분이 어떻게 케케묵은 우리 집 전화번호는 잊지 않고 전화를 거시는지 참 알 수 없는 일이다. 심리학자가 역설하는 기억의 망각 과정에서 오는 선택적 기억이라면 슬픈 일이다. 인지능력이 옅어져 가도 어떤 동기부여로 인해 뚜렷하게 각인된 무언가가 선택적 기억으로 남을 수 있다는 것이다. 그러니 집 전화는 나와 엄마와의 소통 도구로 없애서는 안 되는 소중한 물건일 수밖에 없다. 전화는 걸고 받는 것이 기본이지만 받는 용도로만 축소해 쓰더라도 그 대상이 친정 엄마이기에 우리 집 집 전화가 차지한 자리는 터줏대감처럼 굳건하다. 시대를 역행한다는 프레임을 씌워도 어쩔 수가 없다.

 친정 엄마는 가까운 친척들 중에서 유일하게 생존하시

는 집안의 어른이시다. 아버지 형제 네 분과 배우자까지 합해 여덟 분 중 모두 몇 년 간격을 두고 돌아가시고 혼자 남으신 지 오래다.

"내가 이르케 오래 살 줄 몰랐다. 사는 게 이젠 지루허다. 제일 찌끄레기가 먼저 가야 했는데 어쩌다 보니 맨 나중꺼지 남았구나."

홀로 남겨진 자의 부담 때문인지 잊을 만하면 쏟아 내시는 푸념이다. 언제부턴가 당신을 '찌끄레기'라고 말하는 엄마의 지나친 겸양에 자식들이 웃어넘기기도 하지만 내세울 게 없었던 당신을 표현할 말이 딱히 없어 선택한 자조인 것 같다.

새해를 맞고 친정 엄마도 87세가 되셨다. 엄마와 통화를 끝낸 1월의 어느 날, 갑자기 세찬 바람이 머리를 강타한 듯 정신이 번쩍 들었다. 문득 엄마가 90세를 삼 년밖에 남겨 두지 않았다는 사실과 동시에 평소 자주 하시던 넋두리가 떠올랐기 때문이다. 아무리 100세 시대라 해도 90이 넘어까지 사는 건 사람이 아니고 산송장이라던. 지금 요대로 가면 딱 알맞춤이라던. 아차 싶었다. 삼 년이면 1,000일이 조금 넘는다. '천 일이라니. 아, 그것밖에 안 남았다니….' 일

수(日數)에서 체감되는 짧음은 연수(年數) 개념보다 훨씬 현실적으로 와닿았다. 그때부터 월요일의 전화는 왠지 친정 엄마가 나에게 보내오는 어떤 신호로 들리기 시작했다. 사람이 그립다는. 살날이 그리 머지않았다는. 엄마는 정말로 오래 살고 싶지 않으신 걸까?

논술 교사로 일하는 나는 월요일엔 수업을 잡지 않고 평일 속 달콤한 휴일로 사수해 왔다. 일요일에서 이어지는 이 날에는 마감일에 맞춰 글도 쓰고, 일 핑계로 담숭담숭했던 친구들에게 안부 문자도 하고 때론 큰맘 먹고 미술관이나 문학관도 찾는다. 남들이 일하는 평일 하루 얌체처럼 즐기는 여유가 짤짤했었다. 이제는 그것들을 잠시 접어 두고 월요일을 리셋 하기로 했다. 친정 엄마를 위해 쓰기로 했다. 엄마에게 딸들이 많지만 각자의 일로 다들 바쁘다. 다섯이 함께 모여 무엇을 계획하기에는 상황도, 시간도 쉽지가 않다. 모두의 엄마이자 각자의 엄마이기에 여건에 맞춰 서로 엄마와 딸의 시간을 만들면 된다. 마음이 분주해졌다.

우리 집 집 전화가 앞으로 얼마나 더 울릴 수 있을까.

산이 나인 듯 내가 산인 듯

문학의 숲길을 걷는 듯 산 초입부터 나무로 된 시비들이 줄지어 서 있다. '수락산정으로 가는 등산행 객/막무가내로 가고 또 간다.'* 수락산역 근처에서 살았던 시인도 산기슭이 길을 걸었을 것이고 나무 밑을 오가는 사람들을 지켜보는 관찰자였을 것이다. 시를 읽으며 걷다 보니 어느새 시인의 숲길 쉼터를 벗어나고 나는 더 깊숙이 깊숙이 산속으로 파고들었다.

오래된 숲 냄새가 짙게 풍겼다. 기나긴 세월 동안 산은

---

* 천상병의 시 〈수락산 변〉 중에서.

거기에 서서 찾아오는 사람들을 품어 주면서 서울의 한 자락을 지키고 있었을 게다. 무성한 숲속에서 하늘을 향해 우뚝우뚝 솟아 있는 나무들에는 예사 수령(樹齡)이 아닌 듯 세속을 초월한 고고함이 서려 있었다.

 '수락'. 처음엔 빼어날 수에 즐거울 락일 거라고 섣부른 짐작을 했다. 물 수(水)에 떨어질 락(落), 즉 폭포와 계곡을 가리키는 수락산(水落山)임을 산을 오르고 나서야 알았다. 산 이름이 헛되이 붙여진 것이 아닌 듯 계곡을 따라 콸콸거리며 흘러내리는 물소리가 쾌활했다. 큼직큼직한 바윗돌에 부딪치며 부서지는 포말의 기운 또한 힘차다. 전날 온종일 내린 비 끝이라 안개와 운무가 잔뜩 끼어 있었다. 그늘 진 산길을 물소리 새소리를 들으며 걷노라니 청산에 살겠노라던 선조들의 풍류와 칩거를 알 것도 같았다. 계유정난으로 방랑객이 되어 산속 은둔을 반복했던 매월당 김시습이 한양으로 올라와 다시 출사의 꿈을 꾸었던 곳도 이곳 수락산이다. 세조의 죽음과 성종의 즉위로 새 세상을 기대하며 환속했지만 끝내 현실의 꿈은 가뭇없어진다. 매월당은 세속과의 불화를 수락산 금류 폭포에 실어 보내고 산수를 즐기며 이곳에서 노닐었으리라.

여기저기에 피어 있는 작은 나팔 모양의 병꽃나무와 연분홍 산철쭉이 자꾸 내 발길을 잡아끈다.

"어머! 산속에서 보는 꽃이라 그런지 정말 예쁘다. 분홍색이 어쩌면 이렇게 고울까? 이대로라면 오늘 하루 종일이라도 산행할 수 있겠어."

"과연 그럴까? 지금 실컷 누리셔."

같이 간 삼십 년 지기는 다 드러나 보이는 복선을 깔아놓고는 능청스러운 표정을 짓고 있다. 만만치 않은 코스가 기다리고 있음의 예고일 터이다. 산허리에 오르도록 온 산을 뒤덮고 있는 짙은 안개는 옅어질 기미가 보이지 않았다. 짧아진 가시거리로 인해 어떤 길이 펼쳐져 있을지도, 산 중턱에서 내려다보는 도심 전망도 포기한 채 무작정 앞만 보고 걸어 가야 했다.

산길이 점점 가팔라지는가 싶더니 아니나 다를까. 입이 떡 벌어질 정도의 거대한 바윗덩어리들이 위용을 드러내고 있었다. 산을 많이 다닌 것은 아니지만 그래도 나름 올라봤다고 생각하는데 여태껏 본 산 중에서 이곳 수락산만큼 거대한 바위들은 본 적이 없는 것 같다. 어떤 봉우리는 아예 봉우리 자체가 흙이 아닌 한 개의 커다란 바위이니 그 돌덩이의 크기가 어느 정도 일지는 짐작이 갈 것이다.

태곳적부터 형성되어 지금에 이른 듯한 자연 앞에서 저절로 숙연해졌다. 나는 얼떨결에 암벽을 타고 오르는 등반가 태세로 전환할 수밖에 없었다. 단단한 바위를 뚫고 일정한 간격으로 박혀 있는 피톤과 밧줄에 의지하며 한 발 한 발 바위를 거슬러 올라갔다. 내부에서 알 수 없는 기운이 꿈틀거렸다. '힘들어도 끝까지 가 보는 거야.'. 거대 바위는 단순한 무기물이 아니었다. 두려움을 떨쳐 보라고 움츠러들지 말라고 그 크고 단단한 몸 전체를 내어 주며 기어오르는 사람들을 단련시키는 강철 트레이너에 다름없었다.

드디어 648m 주봉 정상에 올랐다. 펄럭이는 깃발과 널찍널찍한 거대 바위와 파란 하늘과 울긋불긋한 사람들이 하나 된 모습. 이 장대한 꼭대기와 대면하는 순간 죽을 둥 살 둥 하며 바위를 타고 올라왔던 힘겨움은 순식간에 날아가고 가슴 가득 경이와 감격이 차올랐다. 나는 두 팔을 벌리고 가슴을 활짝 열어 자연의 기운을 깊이 들이마셨다. 산이 나이고 내가 산인 듯 물아일체를 이룬 착각을 하면서.

가족, 친구, 연인, 외국인, 산악 동아리 등 삼삼오오 무리마다 큰일을 치르고 귀환한 개선장군처럼 여유로운 미소를 머금은 채 서로의 이야기로 떠들썩하다. 사람들의 북적거림과 오전의 산이 주는 싱그러운 기운이 어우러져 건강한 생명력이 넘쳐 났다. 기념촬영을 하기 위해 등산 동지들이 정상의 표지석 주변에서 대기 줄을 길게 서 있다. 모르는 앞사람을 찍어 주고 자기 차례가 되었을 때 모르는 뒷사람이 찍어 주는 훈훈함은 꼭대기에서나 볼 수 있는 가슴 몽글해지는 풍경이었다.

수락산은 정상을 밟고 나서야 산 풍경을 제대로 둘러보도록 수락했다. 산을 오르는 내내 뿌옇게 앞을 가렸던 안개가 그제서야 선물을 안겨 주듯 제품에 가두었던 것들을 모조리 내놓고 물러갔다. 나는 신선이 앉았을 법한 가장 높은 바위에 아슬하게 올라섰다. 휘이 둘러보니 사방이 온통 초록 비단을 펼쳐 놓은 듯 아름답기 그지없다. 산자락 아래 살포시 들어앉은 도심 외곽 마을의 풍경 또한 아늑해 보인다. 6월의 수락산이 그날의 모습 그대로 내 마음 한쪽으로 들어왔다.

고궁을 부유하다

오전 내내 내리던 비가 멈췄다. 창덕궁의 정문인 돈화문에 도착했을 때는 뜨거운 여름 햇살로 바뀌고 있었다. 나와 같은 시간대에 창덕궁 후원의 관람 예약을 한 20여 명이 일행으로 묶였다. 단체 관람단이 된 우리는 인솔자의 안내에 따라 창덕궁 후원 투어를 시작했다.

우리 정원의 아름다움을 보여 주는 가장 대표적인 곳. 창덕궁은 자락을 따라 지형을 살려 가며 건물들을 배치해 자연과의 조화가 탁월한 곳으로 알려져 있다. 마치 비밀 정원에 들어온 듯 둘러보는 곳곳이 신비로워 발걸음조차 조심스러웠다. 후원의 흙길을 따라가다 보면 만나게 되는 연못과 정자의 예스러운 풍치에 한동안 넋을 빼앗겼다. 초록 연잎으로 뒤덮인 연못 끝자락의 저 멋스러운 정자 안에서 옛 왕조의 세자는 시 한 수를 짓고 있었을까? 맞은편 석간 주색의 누각에서는 경연을 즐겼던 왕과 신하들의 열띤 토론이 벌어지고 있었을까? 긴긴 세월을 품은 연못 언저리의 풍경을 바라보며 내 생각은 제멋대로 부유하고 있었다.

정조는 즉위하면서 부용지가 내려다보이는 높은 곳에 2층 누각을 세웠다. 1층은 규장각이요, 2층은 임금의 친필 현판이 달린 주합루이다. 빛바랜 누각은 하세월을 지나는 동안 수천수만의 비바람을 온몸으로 견뎌내며 역사의 장면들을 목격했으리라. 모진 풍파를 겪으면서도 후대를 위해 시대의 증거물로 남아 준 자혜로움에 물 뿌린 듯 마음이 숙연해졌다. 규장각은 왕실의 도서관으로 출발했지만 점차 정조의 개혁정치를 뒷받침하는 핵심 기관으로 변화하게 되는 곳이다. 정치적 기반이 약했던 왕은 부패한 권력에 맞서 왕실의 권위를 높이기 위한 개혁에 박차를 가했고, 그 중심에 규장각이 있었다.

내 발길은 규장각 앞에서 저절로 멈춰졌고, 내 눈길은 규장각 내부에 고정되었다. 그리고 한동안 시대의 흔적을 더듬었다.

"나는 선대 왕 세종이 만든 집현전과 같은 역할을 기대하며 규장각을 만들었다. 이 나라 조선의 정치를 비롯해 나라 전반의 문제들을 학문적으로 해결하려는 큰 뜻을 가지고 세운 곳인 만큼 그대들 검서관들에게 거는 기대가 참으로 크다. 그대들의 학식은 익히 들어 알고 있는 터, 계속 정진해 이 나라 조선의 발전에 기여하도록 하라!"

정조의 무게 있는 목소리가 내가 선 발치까지 저렁하게 울려 나오는 듯했다. 서자 출신의 검서관 중에서도 간서치(看書痴)로 알려진 이덕무가 아뢴다.

"전하! 공자님은 평생 올바르다고 믿는 일만을 실행했지만 세상은 쉽사리 그것을 받아들이지 않아 불행을 경험했습니다. 저희들 또한 서자라는 신분의 굴레 때문에 뜻이 있어도 벼슬길에 오르지 못하는 불행한 신세였습니다. 전하께서는 신분의 차별 없이 저희들을 등용해 주시고 분에 넘치는 직책을 맡기셨습니다. 전하의 큰 뜻에 누가 되지 않도록 성심을 다하겠습니다."

가난 때문에 기침병을 달고 살았어도 정신만은 꼿꼿했던 이덕무의 목소리가 바람을 타고 내 귓전에 와닿았다가 다시 공중으로 흩어졌다.

궁궐의 시대는 지나갔다. 수 세기가 흐른 요즘 우리 사회에 정의 열풍이 불어닥쳤다. 젊은 층을 중심으로 정의와 공정이 화두이다. 정조는 이보다 수백 년 전 일찍이 신분을 뛰어넘는 기회의 평등으로 정의를 실천했던 개혁 군주였으니 왕의 선구적 면모에 어찌 반하지 않으리.

엉뚱한 상상은 꼬리를 물고 이어졌다. 개혁의 상징인 정조와 광해군 때의 문신인 허균이 동시대를 살았다면 어땠을까. 두 사람이 개혁의 파트너가 되었다면 우리 역사는 예상치 못한 방향으로 흘러갔을까? 허균은 《유재론》에서 적서차별이 극심했던 당시 사회를 비판했다. 스승 이달과 서얼 출신의 벗들이 차별로 인해 불우한 일생을 보내는 것을 보면서 능력이 배제된 인재 등용 제도의 모순을 날카롭게 지적했다. 하늘이 내린 재능 있는 사람을 가문으로 한정하는 세태를 꼬집어 굳건했던 조선의 신분제도에 정면으로 맞선 것이다. 하지만 그의 개혁적 사고(思考)는 시대와 불화할 수밖에 없었고, 결국 후에 역모 사건에 연루되어 죽음을 맞게 되는데 그 장소가 지금 내가 서 있는 창덕궁이라는 사실이 참으로 얄궂다.

창덕궁 관람단 인솔자의 호루라기 소리가 요란하게 울

렸다. 고궁을 부유하는 동안 잠시 나가 있던 정신이 원위치로 돌아왔다. 내가 고인(古人)들의 대화에 접속하고 객쩍은 상상을 하는 동안 후원 관람객들은 이미 삼삼오오 흩어져 사진 촬영에 여념이 없었다. 나도 부리나케 규장각을 등지고 주합루 현판이 보이도록 셀카봉 길이를 길게 뽑았다. 기념 촬영 후 호루라기 소리와 함께 대오를 갖춘 관람단 일행은 다음 장소로 이동했다. 그날 난 창덕궁에서 머무는 곳마다 맨 꼴찌로 뒤처졌다 급하게 따라붙는 골치 아픈 관람객이 되었다.

멀어져 간 호칭

 어릴 적 내가 살던 고향은 풍수지리상으로 본다면 이상적인 곳이었다. 마을 뒤로는 소나무로 무성한 높은 산이 호위무사처럼 버티고 있고, 마을 앞으로 흐르는 제법 넓은 강에서는 조개도 줍고 목욕도 하면서 물놀이를 즐기는 사람들로 붐볐다. 그야말로 배산임수 지형이다. 서촌과 동촌으로 양분된 느낌도 없지 않지만 통틀어 한 마을이었다. 시골에 약 100호가량이 모여 살았으니 그리 작은 마을이 아니었다. 집집마다 식구 수도 많을 때라 보통은 한 집에 자식들이 네다섯 명은 좋이 되었다. 그중에서 우리 집은 형제가 여섯 명이나 되었으니 자식이 아주 많은 축에 속했다. 게다가 딸이 내리 다섯에 끝으로 아들이 하나이다 보니 동네에서 알아주는 딸 부잣집이었다. 형제가 많다 하는 다른 집도 우리만큼은 되지 않았고, 아들과 딸이 적당히 섞여 있어 유일하게 딸이 다섯이나 되는 우리 집은 딸 부잣집의 대명사가 되었다.

 나는 딸 부잣집의 넷째 딸로, 위로 언니가 셋이어서 언니라는 호칭을 늘 입에 달고 살았다. 아마 엄마보다도 언니라는 호칭을 더 많이 불렀을 것이다. 심지어 막내 남동생마저 여자 형제들 틈에서 자라며 언니라는 호칭에 익숙해 내가 기억하기로는 중학교 때까지 누나들한테 언니라고 불렀던 것 같다. 하지만 언니들은 기대처럼 날 놀이에 끼워 주지도, 동생이라고 품어 주지도 않았다. 나를 떼어 놓고 몰래 자기들끼리만 나가거나, 자질구레한 심부름을 시킬 때만 나를 불렀다. 특히 바로 위 셋째 언니의 행동은 참 얄미웠다. 당시 유행하던 '최 진사 댁 셋째 딸'이라는 노래가 자기 주제가인 양 젠체했다. 아마도 같은 최씨인 데다가 노래 가사 중에 '그중에서도 셋째 따님이 제일 예쁘다던데…'에 꽂혀 한동안 공주병을 앓았던 것 같다. 지금은 그때를 떠올리며 언니들과 허리가 꺾어지도록 웃는 옛일이 되었지만.

난 오빠 있는 아이들이 부러웠다. 오빠라는 그 정겨운 호칭을 한 번만이라도 불러 보고 싶었다. 오빠가 있으면 왠지 든든할 것 같았고, 요술램프 속 지니처럼 무엇이든 다 해 줄 것만 같았다. 동네 친구들과 자치기를 할 때도, 버드나무로 피리를 만들어 불 때도 오빠가 있는 아이들은 어깨에 힘이 바짝 들어갔다. 오빠가 만들어 줬다고 자랑하는 그 멋진 도구들을 보고는 난 놀이를 시작하기도 전에 지레 기가 죽어 김빠진 풍선이 되기 일쑤였다.

남녀공학인 중학교에 입학했을 때 상급 학년 남자 선배들에게 오빠라고 부를 수 있게 되었다. 기회는 얼마든지 있었다. 하지만 그때는 남녀 학생들이 내외하듯 서로 말을 섞지 않았다. 그리고 내가 부르고 싶었던 '오빠'라는 호칭의 의미는 단순히 입을 통해 발현되는 소리만을 뜻하는 게 아니어서 아무한테나 부르고 싶지는 않았다. 시간이 많이 흘러 내가 청춘이던 때는 넥타이 부대로 불렸던 회사원, 대학생, 일반 시민들까지 모두 하나가 되어 민주 항쟁을 벌이던 격랑의 시기였다. 그즈음에는 여성도 남성처럼 강함을 내세우기 위한 방편으로 사회 전반에 오빠보다 형이라는 호칭이 강세였다.

세월이 한참 지난 후, 지인의 소개로 한 남자를 만났다. 첫날부터 지나치다 싶게 적극성을 보이며 나에게 공을 들였던 남자, 그러니까 지금의 남편과는 네 살 차이가 난다. '오빠'라는 호칭을 붙여도 자연스러운 나이 차이였고, 그토록 부르고 싶었던 호칭인 만큼 시도해 볼 만도 했다. 하지만 당시엔 지금과 달리 연인 사이에 오빠라는 호칭은 많이 쓰지 않았다. 더구나 우리는 소개로 만났던 터라 친밀감을 필수로 하는 오빠라는 호칭이 오히려 어색했다. 지금 젊은 부부들은 연애 시절은 물론이고, 결혼을 하고 나서도 한동안 남편에게 오빠라는 호칭을 쓰는 게 다반사지만 말이다. 내가 연애하던 시절에는 연인들 사이에서 제일 편하게 쓰는 호칭이 'ㅇㅇ씨'였다. 나도 이름 뒤에 씨 자를 붙여 부르는 게 훨씬 편했다. 그때부터 오래도록 습관처럼 불렀던 호칭이 굳어져 결혼 삼십 년을 바라보는 지금도 난 여전히 남편에게 'ㅇㅇ씨'라고 부르고 있다. 주변에서는 그런 우리를 보고 나이 든 연인 같다고 짓궂게 놀리곤 한다. 아이들이 성년이 되었으니 이젠 부부 사이에 일반적으로 두루 쓰는 '여보'라는 호칭을 써야 하는데 그게 잘 안 된다.

한번은 남편의 반응을 보기 위해 넌지시 코맹맹이 소리를 해 보았다.

"오빠! 우리 오늘 저녁에 뭐 해 먹을까?"

"뭐야? 지금 나한테 오빠라고 한 거야? 어유 왜 이러실까, 하던 대로 하셔."

왜 아니겠나. 연필로 선을 그린 듯 이마에 주름이 패기 시작하는 이 나이에, 그것도 평소 애교라고는 눈곱만큼도 없는 내 입에서 나온 말이니 남편에게는 아마도 귀신 씻나락 까먹는 소리로 들렸을 것이다. 이제 오빠라는 호칭은 나에게서 완전히 멀어졌다. 그토록 불러 보고 싶었던 '오빠'는 끝내 불러 보지도 못하고 부를 수 없게 되었다. 그렇게 멀어져 간 호칭이 되어 버린 것이다.

이 땅의 오빠들에게 알리고 싶다. 지금 오빠라고 부르는 상대의 마음을 들여다보라고. 거기엔 당신을 믿고 의지하는 마음이 담겨 있다고. 부르기만 해도 마음이 꽉 차는 안도와 정겨움이 서려 있다고.

먼 섬

 나는 낯설음의 이중성을 즐긴다. 익숙한 곳에서 벗어나 낯선 환경에 놓이면 일단은 자기방어 태세가 되지만 이내 상반된 감정이 뒤따른다. 경계의 시선이 걷힌 후에 발견하는 새로움으로 끊어졌던 전선에 전류가 다시 흐르듯 온 신경에 생기가 차오른다. 그것이 국경을 넘어서고 언어가 달라진 낯섦일 때 이중성이 주는 만족감의 부피는 한층 더 부풀어 오른다.

 고도를 낮추던 비행기가 엄청난 요동을 치다가 활주로의 콘크리트 바닥에 거칠게 미끄러지며 서서히 멈춰 섰다. 태평양 모퉁이 류큐 열도의 작은 섬 오키나와. 4일간의 일상을 이곳으로 옮겨 왔다. 햇빛을 되쏘며 반짝이는 하늘색 바다, 가타카나 간판들, 휴양지 특유의 싱그러운 수목과 어우러진 야트막한 건축물…. 모든 것이 낯선 것 투성이다. 렌터카의 운전석 위치가 오른쪽에 있는 것 또한 낯설어 이방인인 우리를 바짝 긴장하게 했지만 짧은 거리를 시운전해 보는 것으로 금방 현지인으로 동화되었다.

그리고 찾아온 발견의 시간들.

육지와 떨어진 거리감으로 섞이지 않은 독특한 풍경들이 마음을 잡아끈다. 사쿠라의 계절임에도 그 꽃은 어디서도 보이지 않고, 접시만큼이나 커다란 붉은 꽃들과 나무줄기에서 몽둥이 굵기로 삐져나온 뿌리들의 기괴한 형상이 이곳의 위치를 말해 주고 있었다. 지금 당신은 태평양 너른 바다의 어느 한 지점에 머물고 있다고.

빛바랜 목조 건물을 품은 거대 정원은 오랜 세월 주인을 잃은 채 관광객들에게 모든 걸 내주고 있었다. 한때는 번성한 독립 왕국이었을, 일본 본토의 침략에 힘없이 무너졌을 역사의 목격들을 쇠락한 왕조의 정원은 고적하게 침묵하고 있었다.

섬 속의 섬.

섬 안에서의 또 다른 이국적 공간인 아메리칸 빌리지는 전쟁의 상흔을 덮으려는 듯 화려하게 채색된 건물들이 마치 애니메이션을 연상케 했다. 울긋불긋한 색깔과 둥글둥글한 곡선형 건물들에서 금방이라도 디즈니 만화 속 캐릭터들이 튀어나올 것만 같았다. 미군이 주둔했던 비행장을 반납하고 떠난 자리에 조성된 터라 그들의 생활 패턴과 색채를 그대로 남겨 놓은 곳 여기저기를 돌아보면서 잠시 상념에 젖었다. 이곳이 2차 세계 대전의 종식지라고 하더라도 또 하나의 다국적 문화 이식이라는 생각이 드는 건 왜였을까. 내 고향 근처인 송탄 미군기지 또한 리틀 이태원이라 불리며 쇼핑과 유흥 시설이 들어선 곳이라 그 이질감으로 인해 학창 시절에 거리를 두었던 기억이 함께 맞물렸던 때문이리라.

 섬의 특성상 우기가 아니어도 비가 수시로 내린다는 것을 감안하고 왔다. 그래도 머무는 내내 부슬부슬 내리는 비를 보며 아침을 맞고, 우산과 비옷을 필수로 챙겨야 하는 번거로움이 반복될 때는 섬의 기후가 원망스럽기도 했다. 츄라우미 수족관을 들어갈 때만 해도 화창한 날씨였다. 거대한 바다를 통째로 실내로 옮겨 온 듯한 규모에 압도당하며 온갖 진귀한 물고기들을 코앞에서 만났다. 너른 수족관 안에서 그곳이 바다인 양 유영하는 수많은 종류의 독특한 물고기들에게는 자신들을 응시하며 카메라 셔터를 눌러 대는 수많은 관람객들이 오히려 구경거리가 되겠다 싶었다. 밖으로 나왔을 때는 화창했던 날씨가 또 변덕을 부려 굵은 빗줄기를 뿌려 대고 있었다. 떠나올 때부터 수족관 야외에 있는 바다거북을 만날 기대에 부풀었던 큰딸은 점점 더 굵어지는 비로 인해 거북을 보지 못하고 오게 된 것을 못내 아쉬워했다.

폭우가 쏟아지다가 언제 그랬냐 싶게 멈추고 금방 햇빛이 내리쬐는 일을 번갈아 맞다 보니 우리는 어느새 훈련받은 신병처럼 바짝 현지 적응력이 길러졌다. 변덕이 죽 끓듯 하는 날씨였지만 생소한 교통 체계에도 타국의 고속도로를 넘나들며 낯선 자연과 이국적인 환경을 눈에 담고 역사의 현장에 발을 디뎠던 순간들은 내 안에 차곡히 쌓였다.

타인은 지옥이라고 했던가. 어느 철학자의 표현이 다소 과장된 느낌은 있어도 여행은 분명 타인의 시선으로부터 벗어난 해방감으로 자신도 몰랐던 '나'를 발견하는 시간이다. 이번 여행이 그랬다. 주변을 의식했던 거적들을 거둬

내고 내 딴에는 과감한 의상과 행동도 서슴지 않으면서 원초적인 나와 만날 수 있었으니까. 주황빛 등을 밝힌 선술집에서 그리스인 조르바처럼 낯선 사람들과 어울려 흥을 나누고, 다음 날의 여파도 잊은 채 늦은 밤까지 술을 마셨던 일탈의 순간들. 막혀 있던 출구가 터진 것처럼 태평양 작은 섬에서의 낯선 쾌락을 즐겼다.

 그리고 다시 일상.
 먼 섬으로 옮겨 갔던 일상을 다시 원래의 자리로 옮겨 왔다. 익숙한 환경의 환대를 받으며 여행지에서 한껏 충전된 나를 내려놓았다. 풀기(풀氣)를 장전한 채 새롭게 하루하루를 시작하게 된 것은 여행이 준 또 하나의 덤이었다.

2부

◇

붙잡고 싶은 기억들

콜럼버스와 나

아침 일찍 당신을 만나러 길을 나섰습니다. 연인도 아니고 오랜만에 만나는 친구도 아닌데 왜 이리도 마음이 설레는지요. 운전석 옆자리 종이봉투 안에는 당신이 좋아하는 황도 통조림과 롤 케이크를 담았습니다. 당신은 믹스 커피에 설탕 두 스푼을 넣어 마실 정도로 달달한 맛을 좋아하니까요. "살믄 을마나 더 산다고. 난 내가 먹고 싶은 대로 먹다가 갈란다." 건강 운운하며 설탕통을 뺏으려는 내 팔을 야박하게 내치면서 언젠가 당신이 했던 말입니다. 그 순간 영화의 한 장면이 스치면서 어느 노 의사가 말기 암 환자에게 건넸던 대사를 곱씹어 생각했습니다. 더 이상 치료가 의미 없다는 무시무시한 시한부 선고 대신 사탕이든 아이스

크림이든 먹고 싶은 것을 맘껏 먹으라는 말로 얼마 남지 않은 생에 선물 아닌 선물을 선사하던 장면. 코끝이 진하게 매워 왔던 그 대사의 기억이 저릿했기에 구순(九旬)이 코앞인 당신의 '내 먹고 싶은 대로 먹다가 가겠다'는 선언을 존중하기로 했습니다.

 오늘따라 이른 아침부터 무진의 명산물만큼이나 뿌연 안개가 시야를 가리고 있습니다. 당신을 만나러 가는 날은 악천후가 아니고는 기상 상황이 그다지 중요하지 않아 일기 예보를 확인하지 않고 출발했습니다. 아침 안개는 바로 앞에서 달리는 자동차도 차창 밖으로 마땅히 보여야 할 풍경들도 모두 제 품에 가둔 채 심술궂게 계속 따라붙습니다. 내 차를 둘러싸고 사방에서 소독차가 연기를 뿜어 대며 같이 달리는 듯합니다. 《무진기행》의 분위기 있는 안개는 어디 가고 대기 중에서 일어나고 있는 물리적인 현상이 불편하기만 합니다. 보는 것과 하는 것, 감상과 실전 사이의 간극에 싱거운 웃음이 피식 새어 나옵니다. 조심스럽게 앞으로 내달리며 라디오를 켰습니다. 즐겨 듣는 93.1MHz. 크라이슬러의 '사랑의 기쁨'을 BGM으로 콜럼버스의 일화가 흘러나옵니다.

사람들이 그의 신대륙 발견을 인정하지 않고 이미 있던 땅이 아니냐고 폄하할 때 콜럼버스는 느닷없이 달걀을 꺼내 들고 세로로 세울 수 있느냐고 반문합니다. 아무도 선뜻 나서는 사람이 없자 그는 달걀 밑부분을 뭉개뜨려 보란 듯이 탁자 위에 세웁니다. 그 또한 사람들은 인정하지 않고 그렇게 하면 누구든 못하겠냐고 목소리를 높였습니다. 그때 콜럼버스는 일갈합니다. 다 아는 거지만 다른 사람들이 생각에서 그치고 말 때 나는 최초로 나서서 행동했다고. 그것이 당신들과 내가 다른 거라고. 직접 나섰기에 신대륙이 거기 있음을 발견했고, 그 사실은 역사에 남을 것이라고.

라디오 진행자의 멘트를 들으며 문득 안개 속을 달리고 있는 나와 콜럼버스가 닮은 구석이 있다고 억지 연결을 해보았습니다. 콜럼버스가 신대륙의 발견이었다면 난 감정의 발견이었습니다. 시도하지 않았을 땐 몰랐던 감정입니다. 오늘처럼 당신을 만나러 가는 날, 정확하게 말하면 한 달에 한 번 당신을 만나러 가기로 마음먹은 그해부터 알았습니다. 소풍 전날 잠 못 이루는 아이처럼 밤새도록 뒤척이게 되고, 가는 내내 설레고, 가서 당신과 함께 보낼 이 궁리 저 궁리를 하면서 어느새 행복의 정원을 뛰어다니고 있다는 것을요. 콜럼버스처럼 행동하고 나서야 발견했습니다. 모녀 사이에도 연인 같은 감정을 느낄 수 있다는 것을요. 속 커튼 같은 얇은 막 한 겹 들춰 보면 금방 드러나는 숨어 있는 감정을 말입니다. 강산이 다섯 번이나 변하고 또 변하려는 지금에야 그걸 알아차린 난 참 둔해도 너무 둔합니다.

  시야를 가렸던 안개가 조금씩 흩어지더니 어느새 거짓말처럼 가느다란 햇살이 차창을 비추고 있습니다. 햇빛으로 얼굴이 조금씩 달아오릅니다. 백미러 속 벌겋게 상기된 얼굴은 딱 술기운으로 오해하기 십상입니다. 아침 안개는 무색해지고 손갓을 만들어 눈부심을 가려야 할 정도로 날씨가 심하게 변덕을 부립니다. 롤 케이크 속 크림이 흘러내릴까 봐 종이봉투를 조수석 바닥 깊숙이 그늘진 구석으로 내려놓았습니다.

  고속도로 안내판에서 친숙한 지명들이 보이기 시작하고 고향 근처임을 알려주는 지표들이 하나둘 눈에 띄면서 왠지 모를 안도와 반가움에 마음이 들썩입니다. S 전자 반도체 공사현장에서 분주하게 움직이는 인부들이 눈에 들어오고 셀 수 없을 정도의 수많은 타워 크레인들이 하늘을 향해 불뚝불뚝 올라와 있는 모습을 뒤로하면 이젠 다 온 것이나 다름없습니다. 누운 소 올라탄 격으로 운전에 한껏 여유를 부려 봅니다. 목적지에 거의 다다랐을 즈음에 전화가 걸려 왔습니다.

"아이구, 오늘 안개가 낀 게 날씨가 안 좋다. 출발 안 했으면 오지 말라고 전화했어."

"엄마 아파트 앞이야. 지금 막 도착했어."

엘리베이터 문이 열리고 거기까지 나와서 나를 맞아 준 당신을 본 순간 오지 말라고 전화했던 것은 본심이 아니었다는 걸 단박에 알아차렸습니다. 딸이 온다는 걸 미리 알고 계셨기에 뽀얗게 분까지 바르고 기다리셨으면서 마음에도 없는 말을 해 보신 거라는 걸요.

"출발하고 한동안은 아침 안개 때문에 좀 애먹었어도 올 만 했어. 지금은 안개가 다 걷혀서 오히려 햇빛까지 쨍 나던데."

"그려? 니 얼굴이 벌건 게 정말 그런가 부다. 원래 안개 낀 날은 마빡 벗겨지는 날이라 했어."

"엥? 그게 무슨 말이야? 처음 들어 보는 말인데?"

뜻을 알 수 없는 당신의 구어(口語)가 신기해서 물었습니다.

"안개가 걷히고 나면 다른 때보다 날이 훨씬 더 푹하다는 말여."

"아하! 더워져서 땀을 닦아 내느라 마빡이 벗겨진다는 거구나."

속어를 자연스럽게 입에 담고, 이렇게 저렇게 옛말의 뜻풀이를 해 보고, 이마를 닦아 올리는 시늉을 해 보기도 하면서 당신과 얼마나 유쾌하게 웃었는지요. 굳이 클릭 한 번의 검색 기능에 의지하지 않는 이유는 당신의 굴곡진 연륜이 풀어주는 의미의 생생함을 문명의 이기로 퇴색시키고 싶지 않아서입니다. 대화하며 당신이 무의식중에 툭툭 던지는 구어(口語)들은 어디에도 없는 해학이며 삶의 지혜이기에 숨겨 놓았다가 마음대로 부려 쓰는 당신의 능란함에 저절로 감탄사가 터져 나옵니다.

전에는 왜 몰랐을까요? 참 오묘하게도 당신과 함께할 수 있는 유한한 삶에 정신이 바짝 들고 난 후에야 당신 안의 무한한 것들을 볼 수 있게 되었습니다. 그저 당신은 햇볕에 그을리며 왼종일 일하는 엄마로, 자식들 뒷바라지를 낙으로 살아가는 존재로만 생각했습니다. 그 너머를 볼 줄 몰랐고 보려고 하지 않았습니다. 당신을 향한 새로운 발견들은 침잠하던 나를 휘저어 자꾸 움직이게 합니다.

  통조림 속에서 봄날 개나리만큼이나 속살이 노란 황도를 두어 개 꺼내 접시에 담아내고, 하얀 크림을 머금은 롤케이크를 잘라 테이블에 함께 놓으니 그럴듯합니다. 당신은 딸도 손님이라고 "끄웅" 하며 테이블을 잡고 일어나 투박하게 커피 물을 끓이느라 분주합니다. 오길 참 잘했습니다. 당신을 나만의 어머니로 오롯이 확보할 수 있는 날이니까요.
"엄마! 오늘은 나도 믹스 커피!"

— 2023. 추보문학상 수상작

실수하는 중

 경기도 구리시에 있는 아차산에는 산 이름에 얽힌 네댓 개의 이야기가 전해 오고 있다. 그중 조선 명종 때 있었던 일을 소개하면 이렇다. 당시에 점쟁이 홍계관이라는 사람이 용하다는 얘기를 듣고 왕은 이를 시험해 보기로 했다. 두 마리의 쥐를 상자 안에 넣은 후 몇 마리가 들어 있는지 물어보았다. 홍계관이 세 마리가 들어 있다고 하자 왕은 가짜 점쟁이가 감히 왕을 속이고 백성과 세상을 어지럽힌다며 처형할 것을 명했다. 그런데 쥐의 배를 갈라보니 뱃속에 한 마리의 새끼가 들어 있는 것을 발견하고 홍계관의 점이 맞았다는 것을 뒤늦게 알게 됐다. 왕은 즉시 산에서 집행되는 사형을 멈추라는 전갈을 보냈지만 이미 홍계관은 처형된 뒤었다. 이때 왕이 '아차! 내가 실수했구나'라고 탄식한 말에서 산의 이름이 '아차산'이 되었다는 것이다.* 정설은 아니지만 여러 설화 중 가장 흥미 있는 이야기다. 여기에서 굳이 오래전부터 구전되던 실수와 관련된 이야기를 끌어온 데는 의도가 있다. 속내는 나의 실수담을 통해 풀어놓고 싶은 말이 있었던 것인데 처음부터 내놓기엔 얼토당토않은 시작이 될 듯해 자연스러운 흐름을 위한 방편이었음을 밝혀 둔다.

 나의 실수담을 일일이 나열하자면 천일야화(千一夜話)는 못 되어도 아마 백일야화(百一夜話)쯤은 족히 될 것이다. 그중 지우개로 지울 수만 있다면 싹싹 지우고 싶은 하나는 이렇다. 저녁 운동을 하기 위해 가까이 있는 대학 캠퍼스로 향했다. 남편의 모교이기도 해서 종종 찾는 곳인데 저녁 무렵이면 기숙사 학생들이 농구를 하기도 하고 운동장 트랙을 달리기도 하면서 각자의 저녁 운동을 한다. 인근 주민으로서 운동 대열에 참여한 우리 부부는 보폭을 맞춰 나란하게 걷기를 시작했다. 그날은 남편이 운동의 강도가 성에 차지 않았던지 자기는 달릴 테니 걷고 있으라며 속

---

* 네이버 지식 백과 참고.

도를 내기 시작하더니 시야에서 금방 멀어져 갔다. 멀리 보니 반대편에서 젊은 학생들 틈에 끼어 열심히 달리고 있는 남편의 모습이 보였다가 사라졌다가 했다. 그런데 어느 순간부터 아예 보이지 않았다. 밤 8시경이지만 운동장을 비추는 조명이 여기저기 켜져 있어 웬만한 피사체는 눈에 들어오는데 남편의 모습은 보이지 않았다. 고개를 빼고 둘러보아도 어디에도 없었다. 걷기를 포기하고 사람 찾기에 집중하다가 드디어 남편의 실루엣을 발견했다. '아, 저기 있었구나' 안도하며 철봉에 매달려 운동하는 사람들의 무리로 다가갔다. 남편은 운동장을 등지고 매달리기를 하느라 안간힘을 쓰고 있었다. 늘어뜨렸던 다리를 박차고 오른 탄력으로 팔뚝에 온 힘을 실어 머리를 철봉 위로 들어 올리고 있었다. 호리호리한 몸이지만 불퉁한 팔 근육만큼은 거기서도 눈에 띄어 단박에 알아보았다.

"어이구, 여기 있는 걸 한참 찾았네. 한밤중에 웬 눈물겨운 생이별이래?"

"……"

이상하게 반응이 없었다. 난 앞쪽으로 돌아가 어기대는 말투로 "어디 귀한 얼굴 좀 보자구요" 하며 가까이 다가간 순간 낯선 남자의 얼굴을 확인했다. 쥐구멍이라도 있으면 고개를 들이민 채 영영 나오고 싶지 않은 심정이었다.

"어머! 죄송합니다. 제 남편인 줄 알고…, 죄송합니다."

"……"

역시 말이 없었다. 기가 막혀서 말이 나오지 않았을 것이다. 웬 모르는 여자가 느닷없이 와서는 자꾸 뭐라 말을 붙이니 얼마나 당황했을까. 머쓱해진 난 슬쩍 그 자리를 피했다. 한참 후에 나타난 남편은 본관 건물 뒤편까지 돌아서 달리고 왔다고 했다. 난 애꿎은 남편을 원망하며 조금 전 낯선 남자에게 했던 실수를 털어놓았다. 남편은 오히려 어떻게 자기 남편도 못 알아보냐며 벌써부터 그러면 큰일이라고 내 인지 능력까지 들먹이며 놀려댔다. 나도 민망했던 상황이 지나고 보니 어이없는 실수에 얼굴이 뜨거워지기도 했지만 웃음이 새어 나오는 건 어쩔 수 없었다. 실수인지 주책인지 경계가 모호했던 그날의 나의 실수담은 어디에서 얘기해도 한바탕 웃게 만드는 약방의 감초 같은 역할을 하고 있다.

이런 실수들이 어디 나뿐이겠나. 누구나 고만고만한 실수를 하고 조금 지나면 잊혀지는 일들이 반복해서 일어나고 있을 것이다. 하지만 실수로 인해 한바탕 웃을 수 있는 일이 생기고 자신의 한계를 깨닫게 되기도 한다. 느슨해져 있던 삶을 바짝 당겨 주어 한동안 총기를 유지할 수 있게 해 주는 것도 실수 덕분이니 실수도 꽤 괜찮은 구석이 있는 것이다. 그러니 돌이킬 수 없는 불이익이 생기거나 타인에게 피해를 입히는 실수가 아니고서는 그리 자책할 일도 아니다.

  우리 삶이 한두 번의 실수도 없이 완벽하다면 과연 행복할까? 삶의 만족도도 완벽에 가까울까? 그렇지 않을 것이다. 모두가 완벽하다면 나도 완벽에 가깝도록 행동하느라 스트레스가 이만저만이 아닐 것이고, 작은 실수에도 자책감에서 헤어 나오지 못해 괴로울 것이다. 극에 달한 오만함으로 남의 하찮은 실수 하나도 용납하지 못해 갈등과 반목이 끊이지 않을 것이다. 실수 하나 없는 삶은 완벽한 것이 아니라 기계적인 것이다. 기계적인 것은 인간적인 매력을 이기지 못한다. 우리는 기계가 아닌 인간이기에 조금 허술하고 조금 실수하더라도 못 본 척해 주고 서로 어깨를 다독이면서 손잡고 함께 걸어가고 있는 것이다.

  언젠가 카페에서 주문한 커피가 너무 진해 물을 더 넣어 달라고 부탁했다가 생긴 웃지 못할 실수담이 또 도사리고 있지만 여기서는 덮어 두기로 한다. 지금도 나는 실수하는 중이다.

랜선 모임

"우리 언제까지 모임을 연기할 수 없잖아요. 이번엔 랜선 모임으로 만나 볼까요?"

"에이, 학생들하고도 온라인으로 수업하는데 사적인 모임까지요? 글쎄요. 전 썩 내키지 않는데요."

"요즘 젊은 애들은 웬만하면 다 랜선으로 만나요. 우리도 아직은 늙었다 할 수 없으니 시대에 동참하는 차원에서 시도해 보자구요. 코로나 때문에 그리운 얼굴들을 계속 못 본다는 건 너무 속상하잖아요."

"글쎄요. 우리처럼 아날로그 감성인 사람들이 랜선으로 전환하면 과연 속 터놓고 대화하게 될까요?"

"일단 우리 단체 대화방에 올려 볼게요. 다른 선생님들

반응도 볼 겸요."

미희 샘과의 통화였다.

이번에도 정보에 밝고 모임 주선에 적극적인 행동파 미희 샘이 나섰다. 온라인 대화방을 개설하고 ID와 Password를 보내와 우리를 초대했다. 처음으로 온라인상에서 줌(Zoom)을 통한 랜선 모임을 갖게 된 것이다. 다섯 명이 '살구꽃'이라는 모임으로 10년이 넘게 정기적인 모임을 이어오고 있다. 처음엔 논술 사교육의 동료 교사라는 공통분모 하나로 모였다. 하는 일이 같고 성향도 엇비슷하다 보니 만남이 거듭될수록 대화거리가 넘쳐났다. 수업 얘기로 시작해 책 얘기, 자녀들 소식, 건강과 요리 정보, 여행지 추천 등등. 이야기에 취하고 서로에게 취해 지금은 친구처럼 허물없이 지내는 사이가 되었다.

랜선 만남일, 밤 9시 30분. 하루 일과를 다 끝낸 후 노트북을 열었다. 늦은 시간에 컴퓨터 화면으로 만나는 낯선 방식에 기대를 가득 안고서. 아마 그 순간 도파민 수치도 덩달아 치솟고 있었을 것이다. 색다른 경험을 할 때나 어떤 일에 도전을 시도할 때 활발하게 분비되는 동기 부여 호르

몬이니 가만히 있을 리 없다.

　화면으로 한 명 한 명 들어오는 얼굴들을 확인하면서 서로 반가운 마음을 주고받았다. 한결같이 화장기 없는 편한 모습이 조금 어색했지만 그렇게라도 만났다는 게 어디랴 싶었다. 코로나 19로 인해 서로 강제 격리당하듯 지내다가 몇 달 만에 보는 얼굴들이라 반가운 마음이 컸다. 별일 없었음을 확인하는 얼굴들에 미소가 가득했다. 하지만 처음의 반가움이 풍성한 대화로 이어지는 데는 무리가 따랐다. 온라인 화면 속에서 서로 호흡을 못 읽어 몇 명이 동시에 말을 하게 되니 대화가 자꾸 섞이고 순서를 양보하다 오히려 끊기기도 했다. 손을 들고 돌아가며 얘기하자는 말까지 나와 한바탕 웃어넘겼지만 틀린 말은 아니었다. 왠지 누구 한 사람이 진행자가 되어 이끌어 가야 대화가 자연스럽게 이어질 것만 같았다. 그 때문인지 대화는 주로 학생들과 온라인 수업을 하는 동안 겪었던 시행착오에 대해 서로의 경험을 나눴던 게 대부분이었다. 오프라인에서처럼 허심탄회하게 다양한 이야깃거리를 풀어놓기에는 한계가 느껴졌다. 다음 만남은 코로나 19의 극성이 물러간 상태에서 꼭 대면 만남을 갖기로 약속하고 한 시간도 채 안 되어 로그아웃했다.

실험적이었던 랜선 만남은 만남 자체로는 좋았다. 새로운 경험이라 신선하기도 했다. 하지만 크면서 달기까지 한 참외가 없는 것처럼 편리한 기술 뒤엔 대화의 아쉬움이 남았다. 같은 온라인이지만 학생들과의 수업과 사적인 모임과는 온도 차가 컸다. 아무리 빠르게 변화하는 시대라 해도 사람들 사이의 만남의 방식은 변하지 않았으면 하는 바람이 생겼다. 따뜻한 차가 있고 음악이 흐르고 이야기가 있는 자리에는 최첨단이 끼어들어 앙앙불락하는 일이 없었으면 좋겠다.

코로나 19의 감염 확산을 막기 위해 학교나 학원에서는 온라인 학습의 비중이 높아지고 있고, 회사에서는 재택근무를 권유하고 있다. 언젠가는 미래사회에서 구현될 모습이 앞당겨 펼쳐지고 있는 것인지도 모른다. 시간의 흐름에 따른 변화의 물결에 합류해야 하고, 감염병 같은 비상 상황에서는 수칙을 따르며 함께 대응해 나가는 것이 당연한 일이다. 그럼에도 고집스럽게 지키고 싶은 것은 사람들 간의 아날로그적 만남이다. 사회적 거리 두기가 끝나고 꾹꾹 참았다가 다시 만나게 되었을 때는 웃고 떠들면서 정담을 나누는, 인간미 풀풀 나는 소통 문화가 다시 피어오르기를 바라고 있다. 겨울이 봄을 이기지 못하는 것처럼 기술력이 인간미를 이길 수 없기를.

횡재가 별건가

 '바람에 떨어진 과실'이라는 말에서 온 영어 '윈드폴(windfall)'은 뜻밖에 굴러들어 온 재물을 뜻하는 '횡재'를 일컫는다. 말 그대로, 살다 보면 우연히 생각지도 못했던 횡재를 만날 때가 있다. 그것이 꼭 재물과 연결되거나 거창한 것이 아니어도 뜻하지 않은 것이라면 횡재 맞은 기분이 들 때가 있다.
 나는 책을 읽을 때 북마크를 끼워두고 읽는다. 챕터와 챕터 사이를 구분하기도 하고 이야기가 길게 이어지는 내용이면 북마크를 이용해 일정 분량의 페이지를 나눠 가며 읽는다. 간혹 북마크가 느슨하게 꽂혀 있을 때는 자칫 밑으로 스르르 흘러내려 읽던 부분을 놓칠 때도 있다. 나무로 된 것을 사용하기도 하는데 책에 밑줄을 치거나 여백에 메모를 할 때 불뚝 튀어나온 두께 때문에 불편을 겪기도 한다.

그런데 무심히 책을 읽어 가다가 넘긴 책갈피 속에서 꼬불꼬불 접힌 채 숨어 있는 가름끈을 만났을 때의 반가움이란 이루 말할 수 없다. '어? 이게 여기 있었구나.' 그게 뭐라고 순간 횡재 맞은 기분이 되고 조용히 탄성을 내지르게 된다. 곧바로 불편했던 북마크를 빼내고 애초부터 책에 장전되어 있던 가름끈을 이리저리 옮겨가며 횡재 맞은 기분으로 책을 읽는다. 그 가름끈은 결코 처음부터 존재를 보여 주지 않고 어느 만큼의 분량을 읽어 냈을 때 마치 '여기까지 읽느라 수고했다'고 말하듯 책갈피와 책갈피 사이에 숨어 있다가 짜잔 하고 모습을 보여 준다. 그때부터 책 밑으로 길게 늘어뜨린 가름끈은 우아하게 현재의 위치를 알려 주며 나에게 책 읽기의 기쁨을 더해주는 존재가 된다.

행복은 크기가 아니라 빈도라고 했던가. 이런 작은 횡재들이 더해지고 더해지면 그게 행복이 아니겠나. 어느 드라마에서 나왔던 대사가 재미있어 기억하고 있는 게 있다. "행복의 신은 어리석어서 사람들이 진짜로 웃는 건지 가짜로 웃는 건지 잘 몰라 웃기만 해도 복을 준대"라는. 아마도 안 좋은 일을 겪고 풀이 죽어 있는 친구를 웃게 하려고 했던 말로 기억한다. 그러니 작은 기쁨도 횡재라고 생각하고 그냥 웃자. 어리석은 행복의 신이 우리에게 진짜 행복을 가져다줄지도 모를 테니까.

얼마 전 지인이 출간한 수필집을 보기 위해 북카페에 들렀다. 그곳은 인지도 높은 출판사에서 운영하는 카페 겸 서점이다. 나는 갈 때마다 연한 아메리카노를 즐겨 마시는데 그 카페에서는 주문할 때마다 쿠폰에 도장을 찍어 준다. 열 개가 찍히면 커피 한 잔이 무료로 제공된다. 꼼꼼한 사람들이야 도장을 잘 챙겨 받겠지만 그렇지 못한 나는 갈 때마다 새로운 종이 쿠폰에 도장을 받아 한 개 두 개 찍힌 쿠폰이 몇 개인지도 모른다. 언젠가 큰마음을 먹고 여러 쿠폰을 한꺼번에 가져가 도장을 한곳에 모아 달라고 부탁했다. 옮겨서 모으고 보니 도장 열 개가 꽉 채워진 쿠폰이 되었는데 그게 있는 줄 까마득히 잊고 있었다.

그날도 아무 생각 없이 연한 아메리카노 한 잔을 주문하고 신용카드를 꺼내려는데 카드 뒤에서 살포시 얼굴을 내밀고 있는 커피 쿠폰을 발견한 것이다. 그것도 열 개가 다 찍힌. '어? 이게 여기 있었네.' 얼마나 반갑던지. 이게 웬 횡재냐 싶을 정도로 기분이 좋았다. 도장을 다 모아 공짜 커피 혜택을 보는 일은 꼼꼼치 못한 나와는 거리가 먼일이라고 생각해 왔으니까. 사실 커피 한 잔 값이라야 오천 원 언저리의 금액이지만 횡재 맞은 기분이 되는 건 어쩔 수 없다. 그날의 커피는 여느 때보다 더욱 그윽한 향기로 나를 행복하게 해 주었다.

미국의 베스트셀러 작가 대니 샤피로는 《계속 쓰기: 나의 단어로》*에서 횡재에 대해 이렇게 말한다. 아침에 일어날 때마다 '할 수 있는 일을 해라'라는 말을 떠올리라고. 그일을 하고 나면 남은 시간은 횡재나 마찬가지라고. 할 일을 다 마치고 남은 시간마저도 횡재라고 생각한다면 횡재의 범주에 들어 오지 않는 것이 거의 없지 않을까? 길에서 우연히 만난 옛 친구, 철 지난 옷 주머니에서 발견한 군돈, 저녁 반찬 고민 중에 갑자기 생긴 외식 스케줄……. 찾아보면 우리 주변은 횡잿거리로 넘쳐난다.

간혹 사람들은 '횡재수'가 이루어지는 금전적 행운을 기대하지만 그 말은 음절의 조합일 뿐 쉽게 우리 곁으로 다가

---

* 《계속 쓰기: 나의 단어로》, 대니 샤피로, 한유주 옮김, 출판 마티, 2022.

오지 않는다. 하지만 횡재 맞은 기분이 되는 건 언제든지 불러와 우리 곁에 둘 수 있다. 그것은 생각하기에 따른 우리의 선택이기에.

작가의 선물

 글을 쓰게 되면서부터 자꾸 지난 일을 곱씹게 된다. 이 글도 몇 해 전으로 거슬러 올라간다. 갑작스럽게 몸이 안 좋아져 한동안 병원 신세를 져야 했다. 하던 일과 일상은 잠시 멈춤 상태가 되었다. 원치 않는 공간에서 지내야 하는 불편함으로 하루하루가 곤욕이었다. 건강 식단이라는 이름표를 달고 맛없는 식판을 안기는 매 끼니 시간, 온종일 링거를 꽂고 생활해야 하는 익숙지 않은 나날의 연속이었다. 그럼에도 잊지 않고 매일 안부를 물어 주고, 먼 곳에서 찾아와 얼굴빛을 살펴 주는 고마운 지인들이 있어 마음만은 요새 안에 들어와 있는 듯 든든했다.

 그러던 중 오래전 단편 소설로 등단한 작가에게 전화가

걸려 왔다. 책 한 권을 보냈다고. 서점에서 책표지를 보자마자 내가 생각났다고. 책을 기다리는 설렘으로 하루를 다 보냈다. 작가의 남다른 안목을 기대하며 어떤 책을 보냈을까 내내 들떠있던 나는 책을 받아 든 순간 콧마루가 시큰거렸다. 그녀는 무심히 병실에서 읽을 책 한 권을 보낸 게 아니었다. 힘든 병실 생활로 내 안에서 사위어 가는 미래를 꿈꾸게 하기 위한 세심한 배려였다. 고심 끝에 선택했을 마음이 느껴져 한동안 책장을 넘기지 못한 채 멍하니 표지만 바라보았다.

《타샤의 정원》. 미국의 동화 작가이자 삽화가인 타샤 튜더의 삶과 그녀의 그림 같은 정원을 담은 책이었다.* 긴 챙모자를 눌러쓰고 꽃다발을 만들고 있는 표지 사진 속 여인. 가을 하늘을 닮은 바탕색과 어우러져 한없이 평온해 보였다. 타샤는 중년 이후 산속에 농가를 짓고 정원을 가꾸면서 자연주의를 실천하며 살았다. 넓은 대지에 온갖 꽃과 나무들이 어우러진 아름다운 정원을 일궈 낸 그녀의 삶을 들여다보며 감탄하지 않을 수 없었다. 비밀의 정원에 초대받은 기분이었다. 자연의 섭리를 체화한 해박함과 꽃과 나무에

---

* 《타샤의 정원》, 타샤튜더·토마마틴 지음, 윌북, 2014.

서 다양한 것들을 얻어 생활하는 그녀의 지혜는 자연과 하나가 되어 살아갔기에 가능한 것들이었다.

  나 또한 지금껏 자타공인 자연 예찬론자로 들꽃 마니아로 지내왔다. 하지만 그동안의 나의 언행들이 얼마나 피상적이었는지 타샤를 보면서 돌아보게 되었다. 꽃과 나무의 이름을 남보다 한두 개 더 아는 것과 그것을 제대로 아는 것, 즉 생태를 이해하는 것과는 천지 차이라는 것에 눈뜨는 순간이었다.

  유년 시절, 흙에서 자라며 들로 산으로 뛰놀던 기억들이 나에게는 선물 같은 시간이었다. 봄이 되면 봄나물을 캐느라, 비가 그친 뒤에는 뒷산의 버섯을 따느라, 동네에 없는 꽃을 보러 먼 곳까지 다니느라 들과 산에서 살다시피 했다. 원추리, 마타리, 달맞이꽃, 할미꽃, 찔레꽃 등 뒷산이나 들판에서 피어나는 꽃들을 유달리 좋아했다. 천사의 손길이 닿은 듯한 들꽃들을 보고 있으면 어찌나 예쁘고 신비로운지 마냥 행복감에 젖어 들곤 했다. 계절마다 달라지는 꽃을 꺾어다가 사이다병에 꽂아 놓고 집 안을 꽃으로 장식하는 것도 언제나 내 몫이었다. 하지만 들꽃을 좋아했을 뿐 좋음과 관심을 그 이상의 무언가로 연결지어 생각하지는 못했다.

아마도 그 작가는 작가다운 영감으로 나에게 어울리는 미래를 나보다 먼저 발견하고, 책을 통해 방향을 일러 주고 싶었던 게 아니었을까. 특별한 책을 선물해 준 작가 덕분에 난 책을 읽은 이후 어렴풋하게 새로운 미래를 그려보곤 한다. 한적한 시골 어딘가에서 희끗희끗해진 머리에 챙모자를 눌러쓰고 정원을 가꾸고 있는 내 모습. 상상만 해도 입가에 저절로 미소가 번진다.

책 한 권의 파급력은 기적 같은 힘을 발휘하기도 한다. 때론 일생이 바뀌는 경험을 하게도 한다. 어떤 이는 중학교 때 연암 박지원이 쓴 고전 한 권을 읽고 좋은 책이 주는 감흥에 매료되어 소설가가 되었다. 원자력 발전소에서 근무하며 읽었던 시 한 편에 이끌려 특이한 이력을 가진 시인이 된 사람도 있다. 그뿐이랴. 그림을 그리던 화가가 우연히 읽은 하이데거에 심취해 존재의 의미를 탐구하다 아예 철학 교사로 직업을 바꾼 사람도 있다. 나에게도 그런 기적 같은 일이 일어나지 말란 법은 없지 않은가.

퇴원을 한 후 내 삶에 작은 변화가 찾아왔다. 아무 일도 일어나지 않는 일상에 감사하게 되었다. 사소하게 여겼던 하나하나를 소중하게 바라보는 눈도 생겼다. 주변 공원을 산책하거나 야생화 군락지 등에서 만나게 되는 꽃들의 특징을 공부하며 공책에 기록해 나가고 있다. 꽃 이름과 특징, 꽃말과 피는 시기 등 그림과 함께 채워 나가고 있는 작은 도감은 맑은 시냇물 속 작은 물고기들을 들여다보는 것만큼이나 보는 재미가 쏠쏠하다. 단순한 들꽃 마니아에서 벗어나기 위해 발품으로 만들어 가고 있는 들꽃 노트가 한 장 한 장 두께를 더해 가고 있다.

《타샤의 정원》은 우리 집 책꽂이에서 가장 귀한 몸이 되었다. 나에게 적잖은 파장을 던져 준 그 책은 다른 책들이 책등을 보이며 빼곡히 꽂혀 있는 것과 달리 버젓이 한 칸을 독차지한 채 표지가 당당히 정면을 향하고 있다. 서점의 베스트셀러처럼.

산자락에서

 매달 마지막 주 월요일 오전 10시. 산자락에 가는 날이다. 특별한 일이 있기 전에는 변함없이 지키고 있는 날. 벌써 2년이 넘어가나?

 산자락에 가는 길은 멀지 않다. 집에서 차를 몰고 30분 정도면 도착한다. 산으로 향하는 등산로 주변으로 굵직굵직한 소나무 숲이 보이고 고분 앞 문인상과 석등을 연상케 하는 석물들이 눈에 들어오면 목적지에 다 온 거다. 아침 일찍 움직이는 사람들의 분주한 대열에 끼는 것이 좋고 가는 동안 차 안에서 흘러나오는 음악을 감상하는 것도 좋고, 가서 나눌 대화거리를 태블릿PC에 담아 가는 특별함이 있어서 더 좋다.

산자락에 가면 화초들이 반겨 준다. 소국, 제라늄, 프리지어, 유칼립투스 등이 오밀조밀 어우러진 곳에 한동안 눈길이 머문다. 코를 가까이 대고 꽃 향을 맡아 보고 보드라운 꽃잎도 만져 보며 기분 좋게 아침을 맞는다.

"오셨어요? 친구분은 아직이세요."

'산자락에' 카페 주인이 먼저 인사를 한다. 작은 얼굴에 페도라를 살짝 눌러쓴 모습이 참 잘 어울린다. 산자락 들머리에 자리 잡은 '산자락에'라는 카페 이름 또한 절묘한 어울림이다. '안녕하세요?'가 아닌 '오셨어요?'라는 인사말에서 단골 대접을 받는 것 같아 친밀감이 느껴진다. 주인의 상냥한 미소에 나도 미소로 답하며 고개인사를 한다. 카페 안 아지트가 된 공간으로 들어가 앉으면 조금 뒤에 주문한 커피를 정성스레 가져다준다.

지금 현재를 즐기기 위해 찾은 산자락에 카페. 좋아하는 것, 나를 설레게 하는 것을 찾기까지 많은 시간이 걸렸다. 오랜 기간 알 수 없는 결핍은 일상을 고뇌로 만들었고, 책 속으로 파고들게 했다. 그 지난한 과정의 끝에서 손을 들어 나를 반겨준 것이 글쓰기이다. 태블릿PC를 열고 한 달 동안 썼던 글 중에 어제 올리브에게 메일로 보냈던 수필 한

편을 화면에 띄워 놓는다.

 글 합평 시간이다. 역시 독서와 글쓰기를 좋아하는 올리브를 기다리며 올리브가 보내온 수필도 꺼내 다시 한번 읽어 본다. 차곡히 쌓인 문장만 읽어도 사람이 보이고, 글 쓴 사람의 잔향이 느껴지는 것이 참 신기할 따름이다. 글쓰기가 조심스럽고 신중해지는 이유이다. 더욱이 수필은 글쓴이의 개성과 인생관이 기교 없이 드러나는 글이다 보니 형식은 거리낄 게 없어도 내용만큼은 엄격해질 수밖에 없다. 춘풍추상(春風秋霜)을 좌우명처럼 몸에 새기게 된 이후부터 글에서도 생활 속에서도 실천하려 애쓰고 있다.

 올리브는 이십 년을 논술 교사로 일하다 삼 년 전에 퇴직했다. 치매 증상이 있는 시어머니를 지척에다 모셔 놓고 며느리 역할에 극진하면서도 자신을 위한 시간도 야무지게 부려 쓰고 있다. 두어 개의 독서 모임과 시, 서평, 에세이 등 다양한 장르의 글을 쓰고 있는 그녀이다.

 "제가 또 늦었죠. 항상 늦어서 어째요."

 얼마 전 바꾼 보브 스타일 머리와 알이 큰 안경을 쓴 모습이 목가적인 카페 분위기와 조화롭다. 카페인 부작용으로 항상 개인용 텀블러를 가지고 다니는 올리브는 오늘도 텀블러에 담아 마실 건강 차를 주문한다. 그녀의 메뉴는 레

몬 생강차, 대추자, 카모마일 등 나에게는 선택받지 못하는 건강 표를 달고 있는 것들이다. 속이 좀 쓰려도 모닝 커피를 포기하지 못하는 나와는 사뭇 다른 모습이다. 이런 나의 선택을 두고 길티 플레저(guilty pleasure)*라고 한다는 걸 어느 책에선가 읽었던 기억이 난다.

 산자락에서의 두 시간은 서로의 글을 객관화하는 시간이다. 퇴고를 한다고 한 글인데도 안 보이던 오타가 보이고 부자연스러운 표현과 맥락에서 튕겨 나온 곁가지 문장들이 눈에 걸린다. 그것들은 여지없이 걸러진다. 화면 속 글은 단락 나누기, 글자 빼기, 문장 순서 바꾸기 등 이런저런 교정부호로 정신이 없어지고 어느새 글 반 첨삭 반인 글이 된다. 광휘로운 비평은 아니어도 다년간 학생들의 글을 첨삭하며 다져진 내공과 글을 보는 나름의 안목으로 그 시간만큼은 서로에게 신랄하다. 무엇보다 객관적 시각이라는 깔때기가 있어 자기식의 고정된 틀에서 벗어나게 해 준다. 물론 제목의 신선함이나 무릎을 치게 하는 문장들을 만나면 칭찬을 하기도 하지만 그것은 가뭄에 콩 나듯 어쩌다가

---

* 죄책감을 느끼면서도 즐기는 것.

이다. 대부분은 서로가 글을 쓰며 미처 신경 쓰지 못한 부분들을 짚어 준다. 그렇게 최초의 독자끼리 진지한 합평을 마치고 나면 처음의 어설펐던 글은 수선해서 옷을 다시 입혀 준 것처럼 조금 더 나은 만듦새가 된다.

"저번에 연주회에 갔던 걸 쓰고 싶은데 잘 안 써지네요."
"우리 딸이 원하는 회사에 취직을 하게 됐어요. 오늘 제가 밥 살게요."

합평이 끝나고 나면 한랭 기류가 흐르던 공간은 자연스럽게 온난 기류로 바뀌어 있다. 태블릿PC를 덮은 상태에서 글이 아닌 눈을 보고 제대로 얼굴빛을 살핀다. 한 달 동안 글을 쓰면서 있었던 이야기, 아내 엄마 며느리로서의 신변잡기들을 주고받는다. 좋은 일이 생긴 사람은 스스로 알아서 자랑하고 기분 좋게 한턱내는 것도 잊지 않는다. 그리고 헤어지기 전 서로 다음 달 만날 날짜에 '글 만남' 알람을 설정해 둔다.

글 만남의 처음 몇 번은 인근의 여러 장소들을 옮겨 다녔다. 그러다가 이곳 산자락에 와 본 이후로는 스터디룸 같은 조용함과 목가적인 분위기가 좋아 아예 아지트처럼 눌러앉게 되었다. 가볍게 시작했던 것이 마감 있는 삶으로 바뀌게 되면서 쫓기듯 쓸 때도 있지만 어쨌든 쓰게 되고 초고가 만들어진다. 다음 만날 때까지 또 한 달 동안 글감을 긁어모으고, 뻑뻑해진 눈으로 밤새도록 영감(靈感)과 글쓰기와 씨름을 하겠지만 힘들어도 즐겁다. 여전히 설렌다. 언제 한번 산자락에 있는 '산자락에' 카페 주인에게도 고마운 마음을 전해야겠다.

기적이라고 해 둘게

-H-

네가 나를 찾아 준 날, 그날을 기적이라고 해 둘게. 이른 아침부터 네가 나를 찾아올 줄 정말 몰랐거든. 눈을 씻고 다시 봤지. 역시 너였어.

반가운 마음에 한참을 넋 놓고 널 바라보고 있었다는 걸 잘 알 거야. 너도 말없이 온몸으로 나를 바라봐 주었지. 그때 네 모습이 어땠는지 아니? 아마도 넌 창문 바깥 풍경을 등진 채 나만 바라보고 있었으니 잘 모를 거야. 네 뒤로 펼쳐진 처서(處暑) 녘 풍경이 너와 어우러져 얼마나 근사했는지 말야. 하얀 뭉게구름이 몽실몽실 떠 있는 쪽빛 하늘은 검정 포인트를 찍은 듯한 네 모습을 한 장의 그림으로 만들어 주고 있었단다.

갑작스레 넌 존재의 출현을 확실하게 해 두고 싶었나 봐. 내가 잠시 네 눈앞에서 사라져 다른 일을 하러 갔을 때 넌 장난스레 정체성을 무기 삼아 목소리를 높이더라. 빨리 나와서 너를 바라봐 달라는 듯 기차 화통을 삶아 먹은 목청으로 말이야. 우리 집이 떠나가라 울려 대는 네 목소리에 다른 일을 하다가 후다닥 뛰어나왔거든.

"미안해. 애벌빨래를 좀 하느라."

그제야 넌 다시 소리를 내려놓고 또 말없이 나만 뚫어져라 바라보고 있더라. 민망할 정도로 말야. 하긴 전에도 40층 우리 집 창문에 찾아온, 너랑 비슷한 애들을 만난 적이 있어. 그때도 잠깐 눈 마주치기를 했었지만 너처럼 지구력 대마왕인 친구는 처음이야.

잠깐, 지금 갑자기 내 마음이 불안해졌어. 왠 줄 아니? 네가 붙들고 있는 자리로 난데없이 바람이 살살 불어오더니 네 몸과 함께 그 허술해 보이는 철사 망이 함께 흔들리고 있거든. 작은 움직임이지만 네가 훌쩍 가버릴까 봐 조마조마했어.

주말이라 저녁준비를 하려면 어쩔 수 없이 마트를 좀 다

너와야 하는데 너를 혼자 두고 가려니 마음이 너무 쓰였어.

"나갔다 올게."

 말은 남기고 나왔지만 사실 장을 보면서 잠시 너를 잊고 있었어. 더 솔직히 말하면 너를 다시 보게 될 거라는 기대를 하지 않았어. 너의 친구들이 그랬던 것처럼 너도 한 시간여, 아니 몇 분 있다 훌쩍 가버릴 줄 알았거든.

 그런데 감동이야. 마트를 다녀오는 몇 시간 동안 넌 꼼짝 없이 그 자리에 붙박이처럼 붙은 채 날 기다리고 있었잖아. 그 후로도 오랫동안…. 내가 집에 들어오자마자 기다렸다는 듯 넌 또 요란하게 울어 대더라. 왜 이제 왔냐는 듯 말야.

 종일토록 나를 지켜봐 주고 기다려 준 너를 보면서 생각했단다. 허물을 보고도 침묵해 주는 달처럼 너도 어쩌면 허물투성이인 나를 응원해 주러 온 걸지도 모른다고 말야. 그때 문득 이런 생각도 들더라. 너에게 특명이 주어진 게 아닐까 하고. 늦여름이 빗장을 걸기 전 마지막 인사를 나누고 떠날 대상을 찾아 시간을 함께 보내고 오라는.

 우리 집을 선택하고 나를 찾아와 줘서 고마웠어. 아침 햇살이 눈 부실 때부터 하늘빛이 주황으로 물들 때까지 꼼짝 않고 방충망에 붙은 채 나를 지켜봐 준 너. 이런 일이 가능한가 싶어. 기적이라고 해 둘게. 너와 나눈 긴긴 교감을.

약속하자. 네가 사는 나라로 돌아가 그 적막의 세계에서 인고의 시간을 버티는 동안 나도 조금 더 나아지는 삶을 살면서 서로 성숙해진 모습으로 다시 만나기로.

그리울 거야.

-C-

난 특명을 받은 게 아니에요. 주말 이른 아침 그냥 홀리듯 그 창문으로 날아간 거예요. 한껏 날아오르니 창문을 열어 둔 집집마다 방충망이 보였죠. 몸이 이끄는 대로 어느 집 창문 앞에서 여섯 개 다리를 벌려 '탁' 하고 오래된 방충망을 붙들었어요. 역시 내 선택은 나쁘지 않았어요. 잠옷 차림으로 눈을 비비며 나온 당신이 나를 환영하듯 잔잔한 음악을 틀어 주지 뭐예요. 눈을 감고 감상하다가 갑자기 호들갑스럽게 놀라는 소리에 내가 더 깜짝 놀랐어요.

"어머! 여기 매미가 있어! 웬일이래, 정말 신기하다!"

"음, 제법 큰 녀석이군."

당신과 남편이 한동안 나를 뚫어지게 바라보는 바람에 조금 당황했지만 바라보는 시선에서 나에 대한 애정이 느껴져 그나마 괜찮았어요. 점점 떠나고 싶지 않았죠. 남편은 주말이지만 결혼식이 있어 지방에 내려가야 하나 봐요. 남편을 위해 아침 식사를 준비하고, 식사 후 부부가 마주 앉아 커피를 마시며 이런저런 대화를 나누는 모습을 난 TV 시청하듯 잠잠히 바라보았죠. 참 묘해요. 인간들의 세상은 얼핏 보면 서로 다른 듯한데 살아가는 모습을 가만히 들여다보면 아래층도 위층도 찻길 건너 다른 집들도 다 비슷비슷하니까요. 그것을 인간미라고 해야 할까요? 우리에게 곤충 미(美), 매미 미(美)가 있듯이 말이에요.

좋은 음악이 계속 흘러나오고, 당신은 내 모습을 간간이 카메라에 담고, 내 목소리를 녹음하고 몇 번이나 재생해서 다시 듣고, 나는 또 거기에 화통을 삶아 먹은 목소리로 답해 주고…. 당신과 시간을 보내는 동안 오전이 지나고 오후가 되었어도 이상하게 하나도 지루하지 않았어요. 오래 방충망에 붙어 있으면 서너 개 다리에 힘이 풀릴 법도 한데 그날은 왠지 끄떡없었어요. 전에 없던 일이에요. 기적이라고 해 둘게요.

"나갔다 올게."

내가 같이 있는 데도 혼자 나가겠다는 말이 조금 서운했지만 기다릴 수 있었어요. 처음부터 당신의 눈에서 나에 대한 애정을 발견했으니까요. 혼자 남겨졌어도 심심하진 않았어요. 거실에 걸려 있는 가족사진을 구경하고 잠깐잠깐 졸기도 하고 책꽂이에 가득 꽂힌 책 제목을 하나하나 들여다보며 눈을 슴벅이고 있을 무렵 '띡띡띡띡' 소리와 함께 현관문이 열렸죠, 아니나 다를까. 몇 시간 만에 돌아온 당신은 나한테 먼저 달려오더니 또다시 놀라더군요.

"어머머! 어머머! 아직도 있었구나!"

또 한참을 바라봐 주는 그 애정 가득한 눈빛이면 족해요, 우린 보자마자 서로 통한 사이잖아요.

이젠 떠나야 할 것 같아요. 당신과 함께한 하루가 정말 행복했어요. 제가 생각나면 한 번쯤 카메라에 담긴 제 모습을 다시 꺼내 봐 주세요. 가끔 제 요란한 목소리도 들어 주시구요.

오늘이 지상에서 지내는 마지막 날이었어요.

그리울 거예요.

어떤 수영복

 초등학교 6학년 졸업과 함께 면 소재지에 있는 중학교로 배정을 받았다. 도시에서는 추첨으로 가기도 했지만 내가 살던 시골에서는 주소지에 따라 자연스럽게 근거리 상급 학교로 결정되었다. 중학교는 초등학교와는 비교가 안 될 정도로 건물이 컸고, 인근 초등학교에서 모여든 낯선 얼굴들로 인해 나는 1학년 내내 친구들을 관찰하며 엿보았다. 새로운 친구들이 낯설어 얼떨떨할 때 덜컥 부반장이 되었다. 나는 다른 학교 출신의 남자 반장과는 눈 마주치기도 쑥스러웠고, 잘 모르는 아이들 앞에 서는 것은 더더욱 힘에 부칠 정도로 낯가림이 심했다.
 1학년 여름 방학을 며칠 앞두고 '간부 수련회'를 떠났다.

장소는 충청남도에 있는 무창포 해수욕장이었다. 선생님은 첫 수련회인 만큼 한 사람도 빠지지 말라고 당부하셨다. 나는 모든 것이 낯설고 위축되었지만 그래도 난생처음 가보게 되는 수련회여서 한껏 설 다. 그런데 해수욕장이라는 익숙지 않은 말에 자꾸 신경이 쓰였다, 불길한 예감이 모락모락 올라왔다. 아니나 다를까. 준비물 목록을 확인하는 순간 유독 낯선 단어가 눈에 들어왔다.

수·영·복

그때 우리 같은 시골에서는 어림없는 일이었다. 13년을 사는 동안 방학이라고 여행을 떠나는 건 나하고는 거리가 멀었다. 여름 방학에는 논두렁에 돗자리를 펴고 엎드려 방학 숙제를 하며 벼 이삭을 노리고 달려드는 참새 떼와 씨름을 해야 했다. "훠이! 훠이!" 큰 소리로 참새를 쫓는 어른들 흉내를 내면서 두 손을 들어 크게 손사래를 쳤다. 그러니 바다는 본 적도 가본 적도 없거니와 수영복은 있을 리 만무했다. 그렇다고 한 명도 빠지지 말라는 선생님의 지시를 무시하고 결석할 배짱도 없었다. 급기야 엄마가 마을에서 회사에 다니는 언니가 있는 집을 수소문했고, 어렵사리 수영복을 빌려 오셨다. 나는 비닐 가방 안에 작은 부피로 접혀 있는 빨간색 수영복을 보는 순간 너무 기뻐서 환호성을 질렀다.

　세상을 녹여 버릴 듯 뜨겁게 내리쬐는 햇빛, 햇빛을 받아 영롱하게 반짝거리는 물비늘, 끝없이 펼쳐진 모래사장을 밟으며 느꼈던 황홀감은 지금도 선연하다. 기타를 둘러맨 3학년 오빠들의 카세트에서는 어느 해 대학가요제 대상 곡인 '나 어떡해'가 울려 퍼지고 있었다. 노래를 따라 부르며 뒤따르던 언니들의 사복 차림은 얼마다 발랄하던지. 모두가 젊음의 계절을 만끽하고 있었다.
　수영복으로 갈아입고 숙소 앞으로 집결하라는 선생님의 지시가 떨어졌다. 우리는 각자 수영복으로 갈아입었다. 하지만 수영복 색깔만 확인하고 좋아했던 게 실수였다. 미리 입어 보았더라면 너무 큰 브래지어가 달린 민망한 수영복임을 알았을 텐데…. 친구들이 입은 수영복은 허리 부분부터 구불구불한 프릴이 달려 있어 짧은 미니스커트를 입은 듯 소녀스러웠다. 그리고 가슴 부분도 있는 듯 없는 듯 예뻐 보였다. 나는 주변 눈치를 살피며 간신히 입긴 입었지만 완전 성인 수영복의 모습이어서 도저히 나갈 수가 없었다. 긴급 처방으로 수건을 어깨에 둘러 가슴을 완전히 덮은 다음 한 손으로는 수건이 맞물린 곳을 꽉 움켜쥐고 나갔다.

환호성을 지르며 바닷속으로 뛰어들어 철벙철벙 물놀이를 즐기는 친구들과 언니 오빠들의 즐거워하는 모습이 보였다. 나는 그저 부러운 눈길로 바라보기만 할 수밖에 없었다. 수건을 벗을 용기도, 바다에 뛰어들 과감함도 내겐 없었다. 몸이 으슬으슬하다는 핑계를 댔고, 행여 두르고 있던 수건이 벌어질까 봐 바짝 신경을 곤두세운 채 눈앞의 푸른 바다를 부러운 눈으로 바라보기만 했다.

그때의 빛바랜 사진을 지금도 소중하게 간직하고 있다. 사진을 꺼내 볼 때마다 단체 사진 속에서 유일하게 수건을 두르고 경직된 표정으로 서 있는 단발머리 소녀에게 작은 소리로 속삭인다.
"괜찮아. 삶이란 그런 거야. 익숙한 내 안의 세계를 벗어나 낯선 세계와 부딪치며 점점 커 가는 거야. 엎어지고 창피해도 살아가면서 겪게 되는 숱한 경험들은 사람이 더 사람다워지기 위한 자연스러운 과정인 거야."

붙잡고 싶은 기억들

"야, 저기 공다리 간다아~, 공다리가 바람에 꺾어지겠네에~."

뒤에 오는 짓궂은 남자애들이 한껏 목소리를 높여 놀려 댄다. 앞서가던 우리가 뒤로 돌아 눈을 흘기면 남자애들은 언제 그랬냐는 듯 딴청을 부리며 애꿎은 발밑의 돌멩이를 걷어찬다. 공다리는 초등학교 시절 같은 동네 단짝 친구였던 희수의 별명이다. 워낙 마른 체격에 목이 길어서 남자애들이 공다리에 비유해 놀리듯 불러 댔다. 정작 희수는 하도 들어 이력이 났는지 별명을 불러 대는 데도 예민하게 반응하지 않았다. 오히려 내가 친구의 맘이 상할까 봐 눈 흘기기로 방어에 나서곤 했다. 어린 시절 친구들은 가히 관찰의

귀재, 작명의 명수들이었다. 매의 눈으로 포착한 친구들의 특징을 집어내 그럴듯한 별명을 갖다 붙이는 솜씨들을 아낌없이 발휘했다. 껄떡쇠, 노랑머리, 코찔찔이, 안경잡이, 대갈 장군 등이 모두 그때의 별명들이다. 별명 하나에 친구들의 특징이 단박에 드러나는 잔망스러운 작명법이었다. 그런 면에서 향나무였던 내 별명은 너무 맹숭맹숭해서 맘에 들지 않았다. 그때의 난 이렇다 할 개성이 없었는지 이름 한 글자에 꼬리를 달아 붙인 특색 없는 별명이었다.

우리 동네에서 학교를 오가는 길은 꽤 먼 거리였다. 학교까지는 두 동네를 지나고도 한참을 더 걸어야 했다. 시간으로 치면 오가는 시간을 합쳐 두 시간 정도는 좋이 되었을 것이다, 학교가 끝나면 지금 아이들처럼 학원 스케줄이 기다리고 있는 것도 아니어서 하교 이후부터 해넘이가 되도록 늘 시간이 넉넉했다. 학교에서 집으로 돌아오는 길은 온통 논밭이었다. 한참 호기심 많고 놀기 좋아하던 시절이라 사방으로 펼쳐진 논밭은 우리들의 놀이터였다. 가을 논둑길을 걸어가며 누렇게 익어 가는 벼 이삭을 한번 스윽 손으로 쓸어 주기만 해도 숨어 있던 메뚜기 떼들이 한꺼번에 파다닥 튀어 올랐다가 금방 다시 내려와 앉았다. 수확을 끝낸 지 얼마 안되는 고구마밭에는 이랑마다 뽑힌 고구마 덩굴이 한쪽으로 벌러덩벌러덩 누워 있었다. 덩굴 속에는 채 시들지 않은 연보랏빛 고구마 꽃이 숨은 채 남은 생명을 부여잡고 있고, 파헤쳐진 땅에는 여기저기 호미가 쓸고 간 흔적으로 울퉁불퉁했다. 그런 밭은 지나칠 수 없는 우리의 수확 체험장이 된다. 눈에 보이는 나무 막대기나 돌멩이를 가지고 밭을 파헤치는 어린 농부들이 되는 것이다. 밭 주인이 우리의 체험을 위해 남겨 놓기라도 한 것처럼 굳이 큰 힘을 들이지 않고도 자잘한 것은 물론이고 제법 굵은 고구마도 운 좋게 건질 수 있다. 지나가던 남자애들이 우리들의 별명을 불러 대며 껄렁껄렁 다가와 수확물을 뺏으려 하면 먹을 것 앞에서 한마음이 된 우리는 흙덩이를 던져 가며 얼씬거리지 못하게 한다. 개울물이나 환삼덩굴 잎에 대충 흙을 씻어 내고 이로 껍질을 갈아 내면 뽀얗게 드러나는 고구마 속살. 친구들과 둘러앉아 오독오독 깨물어 먹던 그 싱그러운 날고구마 맛을 어찌 잊으랴.

  나는 들판에 사방으로 펼쳐 있는 푸릇한 것들 중에서도 무밭의 공다리와 무꽃을 무척이나 좋아했다. 단짝 친구 희수의 별명이기도 해서 더 좋아했는지도 모르겠다. 공다리는 무를 뽑고 난 후 다음 해 농사지을 씨앗을 받기 위해 남겨 놓은 무의 이파리 가운데에서 삐죽이 올라온 줄기이다. 물이 올라 통통한 꽁다리 줄기를 톡 잘라 씹으면 입안에 퍼지는 푸르무레한 들 내음과 부들부들한 식감이 참 좋았다. 여렸던 꽁다리가 질겨지면 곁가지가 뻗어 나와 작은 무꽃이 별처럼 피어나는데 처음엔 보랏빛을 띠다가 서서히 하얀색으로 변한다. 흰 나비 떼들이 쉴 새 없이 날갯짓하며 무꽃 주위를 날아다니면 그 안에 서 있던 나는 나비인지 무꽃인지 구별이 안 가는 황홀경에 마냥 즐거워했다. 무꽃이 시들 무렵에는 사이사이에 달린 작은 고추 모양의 씨앗 주머니 속에 하얀 무씨들이 들어차 다음 세상을 꿈꾸며 곤히 잠들어 있다. 무밭 옆의 상추도, 시금치도, 씨앗 받이를 위해 남겨 둔 채소들은 줄기를 길게 뽑으며 자라나 영근 씨앗을 맺는다.

어릴 적 어렴풋한 기억으로 우리 집 광에는 이런저런 씨앗들을 자루에 담아 벽에 걸어 놓았다. 친구들과 숨바꼭질을 하다가 숨어든 광의 한쪽 벽에 무씨, 상추씨, 시금치씨, 고추씨, 대파씨 등이 걸려 있었다. 씨앗 자루들을 신기하게 바라보면서 술래가 찾을세라 숨죽이며 숨어 있던 시절, 지금 생각하면 그때의 모든 것들이 소박했고 의미 있었지만 당시는 어린 나이라 그 소중함을 잘 알지 못했다.

이제는 씨를 뿌리고 수확해 거기서 나온 씨앗을 다시 뿌려 농사짓던 시대는 지났다. 매년 새로운 씨앗을 사다가 심게 되면서 어릴 적 광에서 보았던 올게심니 같은 정겨운 풍경은 온데간데없어졌다. 어린 시절 함께 숨바꼭질하던, 익살스런 별명의 주인공들이 지금 어디서 무얼 하며 살고 있는지 알 수 없는 것처럼.

때때로 유년 시절 친구들과의 추억을 끌어와 동심의 들판을 뛰어다니듯 친구들도 그 옛날의 내 모습을 데려가 추억에 잠기는 시간을 갖고 있을까? 주말에는 씨앗 도서관에 들러야겠다. 책 대신 씨앗을 대출받고 반납은 자율적으로 해도 되니 가벼운 마음으로 갈 수 있는 곳이다. 그곳에 가면 내 어린 시절 친구들의 모습이 서려 있는 고구마 꽃, 무 꽃의 추억과 만날 수 있을까.

가능성의 들판

 요즘 가장 핫(hot)한 노래라고 해도 지나치지 않을 만큼 자주 들리는 노래가 있다. 처음 들었을 때부터 노랫말이 예사롭지 않았다. 가사 중에 자신이 빛나는 별인 줄 알았는데 벌레라는 것을 뒤늦게 알게 됐다는 말이 나온다. 이 노래가 일약 인기 순위 상위권으로 치솟은 데는 이유가 있을 것이다. 넋두리하듯 자신이 중심이 아닌 주변부였다는 것을 뒤늦게 알았다는 것. 개똥벌레여도 나중엔 빛날 테니 괜찮다고 스스로를 토닥이는 노랫말에 많은 사람들이 위로를 받으며 공감했을 것이다.

---

* 원곡 정중식, 노래 황가람, '나는 반딧불', 2024.

나도 그랬다. 한때는 세상의 중심이 나인 줄 알았다. 내가 잘못되면 세상도 멈출 거라고 생각했다. 나 중심으로 돌아가지 않는 일에는 금방 흥미를 잃었고, 주변 사람들이 나에게 갖는 관심은 당연하다고 생각했던 시절이 있었다. 부끄러운 기억이지만 다행히 나 혼자만이 갖고 있던 생각이 아니라 성장 과정에서 흔히 겪게 되는 통과의례와도 같은 것이어서 자연스레 당위를 갖다 붙였다. 시간이 흐르면서 깨닫게 된다. 세상은 나에 대해, 내 일에 대해 그다지 관심을 기울이지 않으며 일상의 흐름에서 나는 그저 주변부에 불과하다는 사실을. 그것을 받아들이기까지는 진통이 따른다. 굼벵이가 매미가 되어 높이 날아올라도 그 위에는 거미줄이 도사리고 있다는 옛시조의** 가르침을 따끔한 충고로 받아들이게 되는 순간이 오는 것이다. 세상에는 나보다 잘난 사람이 많다는 것을 인정하며 겸손이 배이고 점점 사람을 세우는 자세를 체득해 나가면서 오히려 빛나게 된다. 성숙의 단계로 들어서게 되면서 내가 아닌 타인을 중심에 둘 줄 아는 너그러움도 움트게 된다. 지금껏 믿어 왔던 중심이라는 견고한 틀에 균열이 생기며 혼란을 경험하겠지

** 작자 미상, 조선 시대의 시조 〈굼벵이 매암이 되야〉.

만 그 틀을 깨고 나오는 순간 새로워진 나와 만나게 되는 것이다.

「추락하는 이카로스가 있는 풍경」이라는 그림이 있다. 잔잔한 바다에는 돛단배가 유유히 떠 있고, 그 옆에서 쟁기질하며 밭을 가는 농부가 자기 일에 열중하고 있다. 바닷가가 있는 농촌의 일상이 매우 고요하고 평화로워 보이는 풍경이다. 아무리 그림을 들여다봐도 날개가 녹아 추락한 이카로스의 모습은 찾을 수가 없다. 도대체 하늘에서 추락한 이카로스는 어디 있는 걸까? 숨은그림찾기 하듯 그림을 자세히 들여다보아야 배 밑에서 살려 달라고 허우적거리는 이카로스를 겨우 찾아낼 수 있다.

이 그림에서 화가 브뤼헐은 무엇을 말하고 싶었던 것일까? 절체절명의 순간을 맞고 있는 이카로스지만 그것은 지극히 개인적인 일일 뿐 삶은 무심하게 계속 흘러간다고 말하고 있는 듯하다. 결국 자신에게 처한 일은 스스로 해결해야 하는 것. 이카로스도 자신의 처지를 주목해 달라고 몸부림치지만 말고 스스로의 힘으로 헤엄쳐 나와 일상의 대열에 합류하면 되는 것이다.

나는 그림 속 이카로스와 한때의 내 모습을 치환해도 무방하다는 생각에 실소를 짓곤 한다. 세상의 중심이라고 생각했던 미성숙한 시기의 과장된 몸짓은 곧 이카로스의 허우적거림이었다. 무심한 바다에서 빠져나와 물기를 툭툭 털어 내고 아무 일 없었던 듯 군중 속으로 걸어 들어가기까지 꽤 긴 터널을 통과해야 했다. 태양 가까이 올라 본 사람이라고, 신화 속 주인공이라고 터널 속에서 외쳐도 보았다. 모두 풋내기 시절의 지난 일이다. 지금은 사람 인'(人)' 자의 모양처럼 비스듬히 불완전한 아무개들을 받쳐 주고 있고 더 비스듬한 나도 아무개들의 받쳐 줌을 받으며 살고 있다. 다들 그렇게 살아가고 있는 것처럼.

주변부로 살아가는 여유로움을 뒤늦게야 알았다. 자리를 유지하기 위한 부담의 무게도, 밀려나는 두려움을 안고 살 필요도 없는 자유로움과 활기가 거기에 있었다. 부싯돌과 부싯돌의 부딪힘으로 불꽃이 피어나듯 다양한 가능성이 꿈틀대고 부딪히며 빛이 나는 곳. 그곳은 중심이 아닌 주변부이다. 오늘도 나는 주변의 정서로 살아가고 있고, 가능성의 들판을 달리고 있다.

화수분

새 노트를 사는 기쁨이 참 크다. 먼저 쓰던 노트가 다 채워질 때 그 안을 다 채웠다는 기쁨보다 새 노트를 사러 갈 설렘이 더 컸다. 거기에는 또 어떤 새로움을 채울까? 사 놓고도 그 첫 장을 아무거나로 시작하고 싶지 않아 이번에도 며칠간 묵혀 두었다. 정말 좋은 것은 아무렇게나 다루고 싶지 않아 마음이 진심으로 동할 때 꺼내 보곤 하는 것처럼, 나에겐 새 노트가 그랬다.

드디어 새 노트의 첫 장을 쓰고 싶은 마음이 발동했다. 친정 엄마의 언어들이 팝콘 튀어 오르듯 연이어 쏟아졌던 그날.

토요일 이른 아침이었다. 친정 엄마를 뒷좌석에 태우고 아버지 산소가 있는 고향 들길을 달리는 중이었다.

"엄마, 올해는 벼 수확이 늦는 것 같네. 아직도 들판에 저렇게 초록색이 많은 걸 보니."

"그러게. 상 이삭을 본 지 사십 일이면 그 쌀을 먹는다고 하는데…."

'상 이삭'이 들어간 생소한 말. 또 엄마 특유의 향토색 띤 표현들이 흘러나오기 시작했다, 이번에도 처음 들어 보는 말이다. 아마도 첫 이삭이 패고 난 후 40일 정도가 지나면 햅쌀을 먹을 수 있다는 말인 듯하다. 한평생 벼농사를 지어 본 사람만이 체득할 수 있는 지극히 농촌 친화적인 표현이라는 생각이 들었다.

"엄만 참 어휘력도 풍부해. 어떻게 잘 안 쓰는 그런 말들이 툭툭 튀어나오는지 정말 신기하다니까."

"그게 뭐라구. 너두 참 유난스럽다."

내가 유난스러운 건지, 엄마가 겸손한 건지 잘 모르겠지만 엄마에겐 어디엔가 숨겨 놓은 언어 화수분이 있는 듯하다.

"저녁에는 원강이네가 준 풋콩 밥 좀 해 줄 테니 그거 먹고 올라가. 을마나 맛이 좋은지 몰러."

"풋콩? 이건 무슨 뜻인지 알 것 같은데 말이 참 예쁘네.

올해 새로 나온 싱싱한 콩을 말하는 거지? 풋사과, 풋인사, 풋내기라는 말은 들어 봤어도 풋콩은 처음 들어 봐. 엄마 덕분에 또 하나 알고 가네."

9월 막바지로 치닫는 데도 시골의 가을 들판은 왠지 예전 같지 않았다. 여전히 황금빛보다는 초록빛을 띠는 벼 이삭이 노르무레하게 변해 가고 있는 정도이다. 이맘때쯤이면 수확을 끝낸 빈 논들이 듬성듬성 드러나고, 공룡 알이라고 부르는, 흰 비닐 뭉치들이 뒹굴고 있을 텐데 눈에 띄지 않는다. 유난히 길었던 여름 때문인지 가을 수확도 그만큼 늦어지나 보다.

"엄마, 저녁 반찬은 뭐 좀 있어?"
"반찬이랄 게 뭐 있나? 그냥 있는 반찬에 아욱국이나 끓이지 뭐."
"아욱국? 좋지. 나 아욱국 좋아해."
그때 엄마는 또 기습적으로 한마디 툭 던지신다.
"원래 갈 아욱국은 문 닫고 먹는다 했어."
"엄마, 문 닫고 먹는 건 간장게장이나 가을 전어 같은 밥도둑을 말하는 거 아냐? 아욱국도 그래?"

난 바로 포털 찬스를 써 보았다. 엄마가 한 말이 핸드폰 화면 가득 AI 브리핑으로 상세히 나와 있다. 그 속담 그대로. '갈 아욱국이 맛이 좋아 집안 문을 닫고 혼자 먹고 싶을 정도로 아까워서 귀하게 여긴다'는 뜻의 속담이란다. 이렇게 뜻풀이를 찾을 수 있는 것도 있지만 엄마의 토속적인 표현들 대부분은 인터넷을 아무리 뒤져 보아도 나와 있지 않은 것들이다. 성문화되지 않은 살아 꿈틀거리는 말이라고 생각하니 더 귀하게 여겨질 수밖에.

"엄마가 제대로 공부를 했다면 아마 노벨 문학상도 받았을 거야."

"노베… 뭐라구? 그게 뭐여?"

"글을 아주 잘 쓰는 작가한테 주는 최고의 상이야. 내가 볼 때 엄만 충분해."

"으이구, 말이나 되는 소릴 해라. 실없긴."

엄마를 기분 좋게 해 주려고 한참 과장해서 한 말에 정작 엄마는 크게 손사래를 치며 핀잔을 주신다.

이른 저녁, 문을 닫고 먹지는 않았지만 그 정도로 맛있는 아욱국과, 풋콩을 넣어 지은 정성 가득한 밥 한 공기를 뚝딱 해치웠다. 엄마인 내가 엄마표 저녁을 먹고 나니 다시 옛날로 돌아간 듯 더 맛있었고 배도 든든했다. 구십을 넘은 아직도 딸에게 밥 한 끼 해 줄 정도의 건강을 유지하시는 엄마가 그저 감사하다. 먼저 식탁에서 일어난 엄마는 나에게 싸 줄 호두, 양파, 고구마 등 올케 친정에서 가져온 것들을 주섬주섬 챙기신다.

"아, 정말 배부르다. 엄마, 이젠 더 이상 아무것도 못 먹을 것 같아."

"그려. 비지밥에 부른 배가 연약과도 안 부러운 뱁여."

엄마의 언어 화수분은 끝이 없다. 대충 받아 적는 내 손이 바쁠 정도로. 그냥 흘려보내기엔 너무도 귀한 친정 엄마만의 언어들이다. 며칠 방치하듯 아껴 두었던 새 노트의 첫 장에 그날 내 귀에 들어온 엄마의 어록들을 담았다. 아무도 걷지 않은 하얀 눈밭에 처음 발자국을 새길 때의 마음으로 아무 흔적 없는 새 노트에 엄마의 언어들을 한 글자 한 글자 새겨 넣었다.

빗나간 수요 예측

'페르시아의 시장에서'. 케텔비가 작곡한 이 곡을 며칠째 반복해서 듣고 있다. 분명 오케스트라가 연주하는 관현악인데 듣고 있노라면 어느새 북적거리는 장터에 와 있는 착각이 들게 한다. 드문드문 드리운 낡은 천막이 작열하는 태양 빛을 가리고 있고, 낙타 등에 잔뜩 짐을 싣고 오가는 상인들이 보인다. 흙바닥에 진열된 물건을 집어 들고 가격을 흥정하는 사람, 그 사이를 뛰어다니며 장난치는 아이들의 고함 소리도 들린다. 어디선가 들려오는 피리 소리에 똬리를 틀고 있던 코브라가 혀를 날름거리며 목을 곤추세운다 페르시아 시장의 풍경이 이색적이라는 것만 다를 뿐 분위기는 우리 재래시장과 마찬가지로 생동감이 넘쳐 난다. 음악으로 빚어내는 시장의 풍경 묘사가 마치 마술을 보는 듯 신비롭다.

케텔비의 이 곡을 요즘 연거푸 듣는 데는 이유가 있다. 사람들로 웅성거리는 시장을 워낙 좋아하기도 하지만 그보다는 며칠 뒤면 시장에서 직접 물건을 팔아야 하기에 시장 분위기에 계속 젖어 있고 싶은 마음이 더 컸다.

'플리마켓 셀러(판매자)를 모집합니다!'

아파트 부녀회에서 추진하는 현수막을 본 순간 끓는 냄비 뚜껑처럼 내 마음도 들썩거렸다. 선착순 30세대가 마감될세라 일찌감치 판매자로 접수를 해 놓았다. 무엇을 팔겠다는 계획도 없이 그저 북적대는 장터에서 물건을 직접 팔아 보고 싶다는 생각에 무턱대고 일을 벌인 것. 구경꾼이 아닌 판매자로 참여하겠다는 호기를 부렸지만 막상 날짜가 다가올수록 판매할 상품이 많이 없어 초조했다. 아무래도 가장 수월한 품목이 옷일 텐데 유행이 지났거나 좀 낡은 것은 상도의가 아니니 멀쩡한 블라우스 2개와 반바지를 팔아 보기로 했다. 더 내놓고 싶었지만 아무리 찾아봐도 이것에 저것에 걸려 더 이상 내놓을 게 없어 그게 전부였다. 다행히 판매만 하는 것이 아니고 나눔이나 교환도 할 수 있어 다른 품목을 추가할 수 있었다. 우리 집에 제일 많은 것이 책이다 보니 내용이 좋았던 책들을 열 권 고르고 '책 무료로 가져가세요!'라는 작은 종이 팻말도 준비했다. 너무 빈약한 거 아니냐는 남편의 핀잔이 그리 틀린 말은 아니어서 가짓수가 중요한 게 아니라 주민으로서 함께 참여하는 데 더 의가 있다는 말로 가볍게 일축했다.

서울에서 직장 생활을 하는 두 딸이 가세하면서 분위기는 백팔십도로 달라졌다. 두 딸 모두 나만큼이나 플리마켓 같은 장터에 큰 흥미를 느끼는 터, 사놓고 입지 않는 옷들이 많다며 이것저것 내놓은 물건들이 큰 가방에 한가득 채워졌다. 하늘거리는 원피스류, 청바지, 선물 받은 인형, 모자 등등. 딸들은 젊은 세대들만의 감각을 발휘했다. 주민들이 가격을 일일이 물어보는 불편함 없이 구경하면서 그냥 눈으로 알 수 있게 한다며 예쁜 글씨체로 물건에 올려놓을 가격표를 만들었다. 역사적 순간을 놓치면 안 된다고 필름 카메라도 찾아 놓는 등 모든 준비를 마쳤다.

드디어 플리마켓이 열리는 날.
우리는 설레는 마음으로 돗자리와 물건이 든 가방을 들고 1층으로 내려갔다. 순간 먼발치에서 들려오는 시끌벅적한 활기에 벌써 시장이 펼쳐졌음을 짐작했다. 아파트 중앙로에는 의류 매장에서나 봄 직한 행거에 옷들이 빼곡히 걸려 있고, 판매자로 신청한 주민들의 돗자리 위에는 오이지, 뜨개 수세미, 미숫가루, 완구류, 신발류 등 나로선 생각지도 못한 물건들이 즐비하게 진열되어 있었다. 우리도 운 좋게 중앙에 자리를 잡고 앉아 준비해 온 물건을 늘어놓았다. 처음 경험하는 판매자가 되고 보니 학예회 무대를 앞둔 아이처럼 긴장도 되고 들뜨기도 했다. 필요한 물건을 사러 나온 사람들, 구경하러 나온 사람들, 바로 옆 놀이터에서 뛰노는 아이들 소리가 뒤섞여 시끌벅적한 모습은 '페르시아의 시장에서'에 묘사된 바로 그 생동감 넘치는 풍경이었다.

한 시간쯤 지나자 시장의 판세는 우리 예상과 다르게 돌아갔다. 건너편에 있던 오이지 세 통은 금방 바닥이 났고, 뜨개 수세미는 5개, 10개 세트가 계속 팔려 나갔다. 아이들의 눈길을 끄는 완구류도 엄마를 졸라대는 아이들로 쏠쏠히 팔리고 있었다. 그런데 유독 우리 돗자리의 물건들에는 눈길만 줄 뿐 사는 사람이 없었다. 무료로 가져가라는 팻말이 무색하게 책은 한 권도 가져가는 사람이 없어 지나쳐 간 사람들을 따라가 나눠 주었다. 딸들이 내놓은 옷들은 "어머! 예쁘다! 근데 여긴 날씬한 사람만 입는 옷들이네"라며 보기만 하고 옆 돗자리로 눈길을 돌렸다. 그도 그럴 것이 주말 낮 시간에 장터에 나와 물건을 사려는 사람들은 대부분 주부이거나 어르신들이지 우리 딸들 또래의 젊은 여성들은 없다 보니 편해 보이는 옷들로 눈길이 가는 것은 당연한 거였다. 미처 그런 수요 예측은 하지 못했다. 딸들은 가격표를 계속 내리고 내리다 급기야 균일가 천 원으로 통일시키는 결단을 내렸다. 그제야 블라우스와 딸의 모자 하나가 각각 천 원에 팔려 총 이천 원의 판매 금액이 생겼다. 정확히는 그도 아니다. 다른 판매자한테 수세미 열 개를 만 원에 샀으니 그날 플리마켓의 결산은 마이너스였다고 해야 할까. 안 쓰는 물건을 팔아 생기는 수익금으로 시원한 냉커피와 조각 케이크를 즐기려고 했던 딸들의 야무진 계획도 수포로 돌아갔다.

빗나간 수요 예측으로 재고가 그대로 남았지만 그런들 어떠랴. 딸들과 주민들과 함께한 시장 경험은 그것 자체로 유쾌한 추억이 되었다. 부녀회에서 나눠 준 백설기와 절편을 먹으며 처음 보는 옆 사람들과 인사를 나누고 얼굴을 익혔다. 함께한 서로를 토닥이고 내년에 또 판매자로 만나자며 다음을 기약했다. 그 풍경들은 필름 카메라에 그대로 담겼다. 돗자리를 접고 집으로 돌아올 때 거의 그대로인 가방의 무게는 무거웠어도 마음만은 그날의 구름처럼 푸근했던, 이웃끼리의 하루 축제는 그렇게 막을 내렸다.

안동 기행

 비움과 채움. 올여름 휴가 콘셉트다. 일상의 고리를 잠시 끊고 자연의 품속에서 뒹구는 쉼이 간절했다. 혼탁해진 마음을 비우고 새로움으로 채우는 여행. 숲속이 제격이었다. 이왕이면 지금 여기서 멀리 떨어진 곳으로.

 숲속 자연휴양림으로 목적지를 정했다. 문제는 여름 휴가철 성수기엔 그곳으로 들어가는 문이 쉽게 열리지 않는다는 것. 언제부턴가 추첨제로 전환되어 경쟁이 치열해졌기 때문이다. 가족 수대로 계정을 만들어 지원해도 당첨되기가 쉽진 않다. 설마 했는데 1차 추첨에서 가족 모두 떨어졌다. 경쟁에서 벗어나고자 떠나는 여행인데 숲속 입성조차 또 경쟁을 해야 하는 아이러니라니. 일주일 뒤 연락이

왔다. 계약 포기자가 생겨 대기자 명단에서 순번이 되었다고. 그리하여 떠날 수 있게 된 우여곡절 여행인 셈이다.

경북 안동. 사방에서 내리꽂히는 햇빛을 뚫고 4시간여를 달려 도착한 곳. 한낮의 질주에 대한 노고를 치하하듯 울창한 숲과 안동호반이 어우러진 자연휴양림 경관은 보는 것만으로도 흡족했다. 내부에서 우듬지가 내려다보이는 높은 전망과 널찍한 다락방은 쉼을 위한 맞춤 공간 같았다. 보이느니 나무요 들리느니 새소리인 이런 숲속을 얼마나 갈망했던가.

첫째 날,
짐 정리는 뒤로한 채 늘어지기에 돌입했다. 흐-흡 숨을 끌어올려 숲 향을 들이마시고, 찌르르르 울어 대는 매미 소리를 들으며 편한 자세를 취하는 시간. 각자가 똑바로, 모로 눕기도 하고, 엎드리기도 하면서 지금 이곳을 느끼는 늘어짐이다. 명상 시간처럼 잔잔한 음악을 틀어 놓고 눈을 감으면 '여기'와 '나'에 집중하게 된다. 일상의 부스러기를 털어 내고 마음을 비우는 흐트러진 자세 때문인지 마음이 한결 홀가분해진다.

저녁 바비큐 식사를 위해 참숯을 넉넉히 준비해 갔다. 벌겋게 불기운을 머금은 참숯 화덕 위에서 두툼한 스테이크와 수제 소시지가 맛있는 냄새를 풍기며 익고 있다. 양송이버섯 안에 말간 물이 차오르고 대파와 아스파라거스도 연둣빛으로 구워지며 야채 향을 더한다. 아마도 숯불 한가운데에서는 쿠킹호일에 쌓인 감자가 노릇노릇 익고 있을 터다. 숲속에 차려진 식탁, 오감을 자극하는 바비큐 요리, 모스카토 와인까지 저녁 만찬은 황홀했다.

이른 저녁을 마친 후 숙소 앞 산책길을 따라 내려가니 말로만 듣던 안동호가 드넓게 펼쳐져 있었다. 숲과 호수가 어우러진 풍경이라니 기대 그 이상이었다. 나는 약간의 물 공포증이 있었지만 정신력으로 날려 버리고 분위기에 집중했다. 호수 한가운데로 기다랗게 놓여 있는 데크를 걸으며 물 위를 걷는 여자가 되어보기도 하고, 물을 응시한 채 멍 때리기, 즉 물멍도 경험했다, 초점 없는 눈으로 물결을 바라보며 무념무상에 젖기 위한 시도였다. 각자의 감상에 취하는 동안 난 일상의 더께들을 떼어 물 위에 띄워 보냈다. 어느새 어스름해진 호숫길에 불이 켜지고 물결에 불빛이 엇비쳐 저녁의 정취를 더했다. 석양이 붉게 깔린 하늘과 그 아래서 움실거리던 윤슬의 반짝임을 어찌 잊을까. 비움의 첫날이 그렇게 저물었다.

둘째 날,

퇴계 이황 선생의 흔적을 찾아 아침 일찍 도산서원으로 향했다. 선비의 고장 안동 하면 떠오르는 인물과 장소를 묻는다면 아마도 십중팔구는 퇴계 이황과 도산서원이라고 답하지 않을까. 그 정도로 퇴계는 안동의 대명사이며 자부(自負)일 것이다. 도산서원 매표소에 도착하자 휴대폰의 알림 문자가 울렸다. '폭염경보 발효 중. 온열 질환 발생 우려가 높으니 야외활동 자제 요청'. 푹푹 찌는 한여름의 더위는 견디기 힘들 정도로 뜨거운 열기를 쏟아부었다. 인내심을 시험하는 강도 높은 더위에 이곳이 남도라는 사실보다 기후재앙의 본격적인 서막이면 어쩌나 싶어 앞으로의 여름이 걱정되었다.

낙동강을 끼고 굽이진 언덕 숲길을 따라 올라가다 마주한 도산서원. 오랜 세월의 예스러운 풍치가 그윽하게 서려 있어 마음이 숙연해졌다. 성리학의 대가인 퇴계 이황이 제자들을 길러 내고 학문과 덕행을 쌓던 곳. 정치와 행정을 두루 거치다 귀향을 결심하고 고향에 짓게 된 도산서원. 이곳이 본격적으로 학문적 활동을 펼치며 사상가로, 대학자로 자리매김하게 된 장소라고 하니 닫혀 있는 어느 방 한 칸에서 여전히 스승과 제자들이 수학(修學)하고 있을 것만 같았다. "매화에 물 주기를 잊지 말라"는 유언을 남길 정도로 매화 사랑이 남달랐던 퇴계 이황. 나는 서원 앞뜰에 심어진 매화나무를 보면서 봄날 만발한 매화꽃에 취해 시를 읊었을, 그 시들을 모은 《매화시첩》에 공을 들였을 선생의 고매한 모습을 상상해 보았다. 건물을 뒤로하고 계단을 내려올 때 내려다보이는 훤칠한 낙동강이 마치 해자처럼 오래된 서원을 지켜 주고 있었다.

시루 속만큼이나 뜨거운 열기로 가득 찬 차 안을 에어컨으로 식히는 동안 일단 목을 축여야 했다. 어린아이처럼 아이스크림을 손에 든 채로 나무 그늘을 찾아 뛰어들었다. 살 것 같았다. 30도를 웃도는 땡볕에 그대로 있다간 몸이 녹아내릴 것 같은 더위다. 시원한 물회로 더위를 식힌 후 곧바로 숲속 숙소로 직행해 늘어짐의 시간을 가졌다.

셋째 날,
여행 마지막 날이다. 안동에 오면 들러보고 싶었던 곳. 이육사 문학관을 어찌 지나치랴. 한적한 곳에 현대식 건물로 지어진 기념관 입구엔 청포도가 주저리주저리 매달려

이 마을 전설을 들려주고 있었다. 본명 이원록이 이육사가 된 아픈 사연을. 독립운동으로 수감되었을 때의 수인번호 '二六四'를 따서 저항의 의미로 '육사'라는 필명을 지었으니 14대 후손의 아픔을 내려다보는 퇴계 이황의 마음은 또 얼마나 뼈저렸을까.

모던한 양복 차림의 사진에서 풍기는 지식인의 아우라에는 육사의 투철한 민족정신이 그대로 배어나고 있었다. 벽면을 따라 이어지는 연보와 흑백 사진 자료들, 그리고 타국의 감옥에서 눈을 뜬 채 순국하기까지의 발자취를 빼놓지 않고 읽어 가는 동안 내 안에서 뭉클뭉클한 감정들이 덩이져 올라왔다. 일본과 중국에서 유학하며 국제적 감각을 넓혔고, 그것은 독립투쟁을 위한 적극적인 실천적 행동으로 이어졌다. 육사는 점차 실력투쟁의 길을 완화시키고 문학 활동으로 방향 전환을 한다.* 시, 소설, 수필, 평론 등 민족 시인으로서 지금도 우리의 심금을 휘젓는 저항시들을 탄생시켰다. 문학관을 나오는 길 끝에 굵은 필치로 육사의 시 〈광야〉가 마지막 눈 맞춤을 유도하고 있었다.

---

* 참고: 이육사 문학관 팸플릿.

3일간의 여정을 끝내고 본래의 거주지로 돌아오는 길, 출발할 때 콘셉트로 잡았던 비움과 채움은 무난하게 달성했다는 자평을 하며 기분 좋게 수도권으로 향했다. 다소 현장학습 같았던 일정들로 첫날의 비움이 무색하게 과도한 채움인 듯도 했으나 쉽게 얻지 못할 유의미한 시간들이었다. 아무리 맹더위가 훼방을 놓았어도 낯선 여행지에서의 경이와 새로움을 이길 재간은 없었다.

3부

겉멋

하루의 문

 42층에서 타고 내려온 엘리베이터가 20층에서 멈췄다. 나는 문명의 이기에서 내려 극한의 공간으로 향한다. 심호흡을 크게 하고 둔탁한 철문을 열고 들어서는 순간 철저히 고립된다. 한 줄기 빛도 들어오지 않는 폐쇄된 콘크리트 공간 안에는 결의에 찬 한 사람과 계단이 있을 뿐이다.
 턱·턱·턱·턱. 비장한 걸음으로 계단을 오른다. 고개는 정면을 향한 채 양쪽 팔은 앞뒤로 힘차게 엇갈린다. 휘젓는 팔과 박자를 맞춰 한 발 한 발을 옮겨 딛고, 한 계단 한 계단을 밟으며 올라간다. 내딛는 다리에 근육이 생겨나고 탄력이 붙어주길 바라면서 아침마다 계단 오르기로 하루의 문을 열어 가고 있다.

처음엔 요령을 몰라 무턱대고 숨을 몰아쉬며 올랐다. 겨우 5층을 오르고는 심장이 터져버릴 것 같은 압박감에 바닥에 주저앉았다. 난간을 부여잡고 목까지 차오른 숨을 다 토해 내고 나서야 다시 일어나 걸을 수 있었다. 체력에 부치는 무모한 도전을 시작한 건 아닌지 생각하면서도 힘들다고 그만두기는 싫었다.

한 달 정도 지나자 10층까지 오른 후에 쉬어도 괜찮았고, 당장 숨이 끊어질 듯한 증상도 사라졌다. 조금씩 체력이 키워지는 사이 어느 순간 요령을 터득했다. 호흡이 중요한 것이었다. 한 계단 한 계단 오를 때마다 '푸우푸우' 하고 숨을 내쉬면서 걸으니 차오른 숨이 없어 굳이 중간중간 쉬면서 토해 낼 필요가 없었다. 그렇게 횟수가 쌓이다 보니 지금은 20층에서 42층까지 370개가 넘는 계단을 한 번도 쉬지 않고 오를 수 있게 되었다.

"안 무서워요? 난 누가 갑자기 나타날까 봐 계단은 무섭던데."

"아휴, 무슨 일 생기면 어쩌려고 그래. 밝은 데서 운동하지."

주변 사람들의 한결같은 반응이다. 그런 걱정이 있었다면 시작부터 하지 않았을 것이다. 내가 살고 있는 공간만큼

안전한 곳이 또 있을까. 다만 공간에 대한 아쉬움은 있다. 계단 벽면에 붙어 있는 안내문이 온통 금지 문구라는 것. '이곳은 물건을 적재하는 곳이 아닙니다'로 시작해 '소변 금지', '흡연 금지', '낙서 금지' 등. 몇 개 층을 간격으로 붙어 있는 금지 투성이의 문구들을 보면 조금 맥이 빠진다. 한 번쯤은 이런 문구를 읽으며 올라가면 좋겠다고 생각해 본다. '계단을 오르고 있는 당신, 여기까지 오느라 수고했어요. 조금만 더 힘내세요. 파이팅!' 같은 긍정의 문구들을.

매일매일의 반복이 자연스럽게 습관이 된 것 같다. 이제 계단 오르기는 놓치지 않고 이어오는 아침 운동이 되었다. 근육을 꾹꾹 눌러 담는 심정으로 한 발 한 발 내딛으며 재테크보다 중요한 근육테크를 하고 있다고 생각하면 힘이 절로 솟아난다. 여기에서 죽을 각오로 연습했다는 축구 선수 손흥민을 떠올리는 것이 어불성설이지만 이쯤 되면 내 인내심도 그리 초라한 성적은 아니라고 스스로를 토닥인다.

아침마다 계단 오르기를 하면서 값진 것들을 터득했다. 건강에 대해서는 췌언할 필요가 없고 무엇보다 초심을 잃지 않게 해 준다는 것이다. 오래 했다고 해서, 한 번도 쉬지 않고 오를 수 있게 되었다고 해서 만만히 볼 일이 아니다. 매번 계단실 철문을 열고 들어가면서 '오늘도 잘할 수 있을까?'를 되뇌게 되는 것은 여전하고, 하루도 힘들이지 않고 순식간에 오르게 되는 일은 없다. 처음 시작할 때 마음 그대로 매번 긴장하게 되니 초심을 잃을 리 없고, 다 오르고도 겸손해진다. 조바심을 갖지 않게 된 것도 고마운 일이다. 어두운 계단실이다 보니 한 층을 올라갈 때마다 위아래 층수를 알려 주는 센서 등 숫자판에 밝게 불이 켜진다. 난 애써 그것을 보지 않고 벽만 보고 걷는다. 누군가에게는 친절한 안내판이겠지만 층수를 알려 주는 숫자를 보게 되면 '아직도 몇 층밖에 안 됐네', '한참 멀었구나' 하며 조바심을 낼 게 뻔하다. 층수를 잊은 채 그날 하루 일과를 계획하고 때로는 음악을 감상하며 오르다 보면 조바심이 비집고 들어올 틈도 없이 어느새 목적지에 올라와 있다.

굳게 닫힌 철문을 밀어젖히고 개선장군처럼 극한의 공간을 박차고 나오는 순간 복도를 비추는 눈부신 햇살과 마주할 때의 쾌감은 어떤 말로도 다할 수 없다. 하루의 문이 활기차게 열리는 순간이다. 난 엘리베이터의 내림 버튼을 눌러 놓고 고지를 찍은 자가 여유 부리듯 가만히 서 있지 않고 왔다 갔다 하면서 걷기 모드를 계속 유지한다. 혹시 운동에 일가견이 있는 사람이 이 글을 본다면 포크레인 앞에서 삽질한다고 헛웃음을 지을지 모르겠지만 나에겐 계단 오르기가 더없는 성취임을 어쩌랴.

산이 거기에 있어 오르듯 계단도 아파트 거기에 있기에 오른다. 오늘도 나는 나 홀로 공간에서 "아자!"를 외치며 가볍게 계단을 오르고 있다.

톡·톡·톡·톡

아버지와 꽃밭

 내 그리움의 대상은 늘 한결같았다. 그 이름 아버지.
 내 나이 열 살이던 해, 너무 젊은 나이로 돌아가셨기에 아버지와의 살가운 추억도 생각나는 일화도 그리 많지 않건만 밑도 끝도 없는 그리움은 나이가 들수록 점점 더 짙어만 간다. 살아가면서 힘든 일과 부닥쳤을 때, 어떤 결과를 간절하게 바라며 두 손을 모을 때 나도 모르게 신이 아닌 아버지를 찾는다. 지금까지 그렇게 아버지는 나에게 사무치는 그리움이다. 명절이 아니어도 문득 그리워질 때면 두 시간 정도를 달려 고향에 있는 아버지 신소를 찾는다. 산소 부근 멀찍이 차를 세워 두고 봉분을 바라보며 밭길을 걷노라면 아버지가 나를 알아보고 어여 오라며 다가갈 때까지 지켜봐 주고 있는 것 같다. 밉살스럽게 삐죽이 올라와 있는 봉분의 잡초를 하나하나 솎아 내면 어느새 한 줌이 되는데 마치 아버지의 새치를 뽑아 드린 것 같아 웃음이 흐른다. 산소는 햇볕도 잘 들고, 앞에 있는 큰댁의 고구마밭 너머로 마을 풍경이 한눈에 들어와 꽤나 좋은 위치라고 생각했다. 그런데 언제부턴가 고구마밭 앞으로 가지를 드리운 밤나무들이 점점 무성해지더니 점차 마을 풍경을 다 가려버려 산소만 덩그러니 외떨어진 것 같아 자꾸 신경이 쓰였다.

작년 초여름 이맘때였다. 아버지 산소가 왠지 쓸쓸해 보여 꽃을 심어 드려야겠다고 생각하고 평일 중 시간을 내기로 했다. 어떤 꽃을 심을지는 미리 생각해 둔 게 있어 아침 일찍부터 움직였다. 화원에 들렀을 때는 이른 시간이라 그런지 가게마다 화초를 꺼내 놓고 물 주기를 막 끝내고 있었다. 빛깔도 모양도 각양각색인 꽃들이 고운 자태들을 뽐내고 있었다. 담배를 유달리 좋아하셨기에 담배꽃을 먼저 골랐다. 원통형 꽃 모양이 마치 말아 만든 길쭉한 담배를 연상케 해 아버지가 생각나는 꽃이다. 내가 좋아하는 꽃으로는 옛날 민초들이 썼던 패랭이를 닮은 패랭이꽃을, 우리 형제들을 생각하며 분홍 달맞이꽃과 백일홍을 골랐다. 어릴 적 장독대 옆 화단 가득히 피어 있던 꽃들이다. 화원 사장님은 아버지 산소에 심을 꽃이라는 말에 자신도 돌아가신 아버지가 생각난다며 덤으로 작은 꽃 화분을 몇 개 더 얹어 주셨다. 자동차 뒷좌석에 올망졸망한 들꽃들이 들어앉으니 빈틈이 거의 없었다. 꽃향기로 가득한 차를 운전하며 신호에 걸릴 때마다 뒤를 돌아보자니 나란히 앉은 들꽃들이 단체로 나들이를 떠나는 것 같아 저절로 미소가 지어졌다.

산소는 온통 잔디뿐이어서 질긴 뿌리를 호미와 꽃삽으로 끊어 내는 게 여간 힘들지 않았다. 바로 앞 고구마밭이야 잡초 없이 기름진 땅이지만 아무래도 묘지 땅은 척박한 데다 잔디 뿌리가 그물처럼 얽혀 있어 그 안을 헤집고 꽃을 심는 게 생각보다 쉽지 않았다. 쇠심줄만큼이나 질긴 잔디 뿌리 사이로 화원에서 자란 연한 들꽃이 과연 뿌리를 내릴지 걱정이 되었다. 한참 만에 꽃 심기를 끝낸 후 고구마밭의 흙을 떠다 두둑하게 덮어 주었다. 정성을 봐서라도 잘 살아 달라는 바람을 담아 뿌리 부분을 발로 꾹꾹 밟아 주는 것도 잊지 않았다. 근처에서 물을 길어 와 꽃이 흠뻑 젖도록 부어 주기를 반복하는 동안 내 몸도 땀으로 흠뻑 젖었다. 모든 일을 마친 다음 한 발짝 떨어져 바라보니 초록 잔디 위에 알록달록한 색깔의 들꽃들이 어우러져 무척 예뻤다. 덩그러니 쓸쓸해 보였던 아버지 산소가 아니었다. 산소 앞 작은 들꽃들이 마치 우리 가족이 모두 한자리에 모인 것 같았다.

> 부엌 앞 흙 마당에는 둥그런 멍석이 깔려 있다. 엄마는 가마솥에서 끓여 낸 손칼국수를 여덟 그릇에 나누어 퍼 담고 아버지와 큰언니는 쟁반으로 나르기 바쁘다. 두리반을 가운데 두고 빙 둘러앉은 우리들은 흡입 경쟁을 시작한다. 후루룩 후루룩. 누가 뺏어 먹을세라 꼬들꼬들한 칼국수 면발을 무서운 속도로 해치운다. 멍석 깔린 앞마당에서 밥을 먹는 날엔 왠지 온 가족이 야외로 소풍 나온 기분이 든다. 저녁상을 물리고 나면 서로의 몸을 베개 삼아 누운 채 이야기 마당이 펼쳐진다. 누나들 사이에서 막둥이 남동생이 일찌감치 곯아떨어지면 부모님은 동생을 안고 먼저 일어나신다. 남은 다섯 자매는 한참 동안 멍석 위에 누워 깔깔거린다. 쏟아질 듯한 별들과 마주한 채 아주 늦게까지.

그 후 계속 바쁜 일정으로 시간을 내지 못해 몇 달 동안 아버지 산소에 가보지 못했다. 한여름으로 치달으며 날씨는 연일 30도를 웃돌고 비마저 제때 내리지 않아 속으로 마음만 졸였다. 중간중간 물을 주어야 꽃들이 제대로 뿌리를 내리고 살아남을 텐데 혹시 죽지나 않았을까 불안했다.

 넉 달 정도가 지난 뒤 추석 명절에 가족이 함께 아버지 산소로 성묘를 갔다. 잰걸음으로 제일 앞서갔던 난 너무 놀라 기쁨의 환호성을 질렀다. 이 꽃들이 그 꽃이었던가 싶을 정도로 훌쩍 자라 군락을 이루고 있었다. 죽기는커녕 가지들이 펴져 더 풍성해졌고, 뻗어 나간 가지마다 예쁜 색 꽃들이 만발했다. 제대로 꽃밭이 만들어졌다. 형제들도 넷째 딸의 못 말리는 감성에 아버지가 행복했겠다며 각자 핸드폰에 꽃밭 풍경을 담기 바빴다. 너무 고마웠다. 이렇게 멋지게 변신을 하고 기다려 준 녀석들이 고마웠고, 내 작은 정성에 몇 배로 보답해 준 자연의 너그러움에 감사했다. 그런데 무엇보다 감사해야 할 대상은 따로 있었다. 나중에 알게 된 사실인데 그곳 고향에 살고 계신 먼 친척뻘 되는 아주머니께서 일주일에 한 번꼴로 물을 날라 와 꽃들을 적셔 주셨다고 한다. 친정 엄마한테 내가 꽃을 심고 갔다는 얘기는 들어서 알고 있던 터에 계속 비가 오지 않아서 걱정이 되어 자주 들러보고 물도 날라다 주었다는 것이다. 팔십의

아버지와 꽃밭

노구인지라 힘에 부쳤을 텐데도 평생 몸에 밴 농부의 심정으로 방치된 꽃들을 보살폈으리라. 얼마나 감사한 일인지, 참 감사할 일이 많은 세상이다. 이후로 난 얼굴을 붉힐 일이 생길 때마다 그 아주머니의 묵묵한 선행을 생각하며 마음을 누그러뜨리곤 한다.

이제 오는 오월이면 아버지 산소 앞에 꽃밭을 만든 지 딱 일 년이 된다. 여러해살이 꽃들이니 혹독한 동절을 잘 견뎌 냈을 것이고, 지금쯤 또 놀랍게 달라져 나를 기다리고 있을 것이다. 그리운 아버지와 꽃들이 함께 노니는 그곳으로 나도 빨리 놀러 가야겠다.

겉멋

 김정식, 백기행, 김해경. 이들은 누구일까?
 누가 봐도 우리 주변에서 쉽게 접할 수 있는 흔한 이름들이다. 장삼이사 격으로 특별할 것 없는 평범한 사람들을 떠올리게 하는 이름이다. 내가 거의 매일 들르다시피 하는 집 근처 마트 사장님 이름일 수도 있겠다. 하지만 이들의 필명을 들으면 입이 떡 벌어진다. 순서대로 김소월, 백석, 이상의 본명이다. 명실공히 한국 문학의 근간이요, 우리 문단의 거장들이다. 우리는 이렇게 위대한 작가들의 필명 뒤에 가려진 본명에는 그다지 관심을 갖지 않는다.

 작가들은 글을 써서 발표할 때 본명이 아닌 필명을 사용하는 경우가 많다. 물론 작가의 성향이나 글의 성격에 따라 본명 그대로를 쓰기도 하지만. 우리는 보통 감동의 소용돌이에 빠트리는 글이나 깊이를 가늠할 수 없는 내공이 느껴지는 글을 만났을 때 작품과 함께 작가의 이름을 세트로 가슴에 새긴다. 그런 만큼 본명이 아닌 필명을 쓰는 작가들에게는 그 작명에 신중을 기울일 수밖에 없을 것이다. 아동문학가인 소파 방정환 선생님이 스무 개도 넘는 필명을 가지고 있었던 것은 비교적 많이 알려진 이야기이다. 동요나 동화, 수필 등을 신문과 잡지에 발표하면서 일본의 검열을 피하기 위한 방편이었다는 게 중론이지만 같은 이름이 반복해 나오는 것을 피하기 위함이기도 했다. 잔물결(소파), 물망초, 서삼득, 북극성 등 보기만 해도 우리의 정서가 듬뿍 담긴 정겨운 필명들이다.

작가들은 왜 필명을 사용할까? 특색 없는 본명 대신 독자의 주목을 끌기 위함일 수도 있고, 자신의 존재를 숨겨 새로움으로 재탄생하고 싶은 마음일 수도 있겠다. 혹은 의미 있는 이름으로 자신을 대변하고 싶은 의도도 담겨 있을 것이다. 정답이야 없겠지만 파트리크 쥐스킨트*가 한 말처럼 작품으로만 평가받고 싶은 마음이 가장 클 것이다. 쥐스킨트는 필명은 아니지만 일체의 인터뷰를 거부하며 작품으로만 활동하는 작가로 유명하다. 조지 오웰, 다자이 오사무, 볼테르, 라이너 마리아 릴케 모두 필명이다. 우리에게 잘 알려진 외국 작가들 또한 필명이 많은 걸 보면 동서양을 막론하고 작가들의 필명 선호는 오십보백보인 듯하다. 그런가 하면 우리 선조들이 화담이나 연암, 추사나 고산자 등 본명을 두고 허물없이 쓰기 위해 지은 호(號)에도 자신의 지향이나 고유한 의미가 담겨 있으니 그 또한 필명의 쓰임과 맞닿아 있다는 생각이 든다.

필명에 대한 글을 써 내려가자니 저절로 입꼬리가 올라간다. 나는 아주 오래전부터 필명을 고민해 왔다. 겉멋이 단단히 들었던 것 같다. 언젠가 작가의 길을 가게 된다면 일찌감치 그럴듯한 필명을 지어 놓는 게 맞는 순서라고 생각했다. 애써 뭐가 좋을까 골몰해 보기도 했고, 책을 읽다가 순간적으로 마음에 진동음이 울리는 단어들을 만나면

---

* (1949~), 독일 소설가, 영화 각본가, 《좀머 씨 이야기》《콘트라베이스》외 다수의 작품을 남김.

후보군으로 공책에 하나둘 적어 나갔다. 시간이 지나면서 후보들 중에 몇 개가 지워지고 다시 새로운 후보들이 올라오기도 하면서 공책은 볼펜이 오간 흔적들로 지저분해졌다. 그러기를 반복하다 족집게로 콕 집어 올린 듯 확신 있게 결정한 것이 '도이'였다. 좌고우면의 여지가 들어올 틈이 없이 더 없는 만족이었다. 글자의 순서를 바꾸면 '이도'가 된다. 이쯤 되면 눈치챘겠지만 조선 최고의 성군인 세종대왕의 존함이다. 그대로 이름이 드러나는 것을 감추기 위해 글자의 순서를 바꾼 것이다. 나는 단순히 세종의 이름을 본뜨고 싶었던 게 아니었다. 평생토록 학문을 게을리하지 않았던 호학(好學) 군주로서의 면모를 흠모했던 터라 그 자세를 본받고 싶어 감히 갖고 온 필명이다.

몇 해 전부터 습작을 해 오다가 본격적으로 글쓰기 공부를 시작했다. 오랜 시간 간직하고 있던 작가의 꿈에 도전하기 위한 첫 시도였다. 인천과 서울을 오가는 거리는 멀었어도 물리적 거리일 뿐 그 시간 자체가 나에겐 설렘이었다. 현업으로 인해 한동안 우선순위에서 밀려나 있었던 글을 쓰고 싶은 간절함을 더 이상 억누르고 있을 수가 없었다. 강의를 듣고, 글을 쓰고 서로 합평하고 또 계속 쓰는 과제를 수행하는 시간이 버거웠어도 하고 싶은 일을 하다 보니 오히려 내 삶에 푸릇한 생기가 피어나는 시간이었다. 몸의 고단함이 콩닥거리는 가슴을 막을 수는 없었다. 공들여 만든 내 필명이 글과 함께 지면 위에 오르게 되는 날을 꿈꾸며 일과 글쓰기를 한동안 병행했다.

그리고.

거짓말처럼 기적이 찾아왔다. 는개가 내리던 어린이날에 비옷을 입고 조용히 날아든 낭보였다. '당선 통보 및 등단 절차 안내'라는 메일의 제목을 클릭하는 내 손이 바르르 떨렸다. 간신히 커서의 초점이 제목에 맞춰졌고 메일이 열렸다. 내용을 읽어 내려가는 동안 심장의 쿵쾅거림이 멈춰지지 않았다. 말 그대로 내 심장은 요동을 치고 있었다. '귀하가 수필 부문 신인상 공모에 응모하신 작품이 심사 결과 우수성을 인정받아 당선되었기에 통보합니다.' 읽고 또 읽었다. 이 짜릿한 한 줄의 문장이 안겨 준 벅찬 감격에 한동안 가슴이 진정되질 않았다. 그토록 바랐던 등단의 꿈이 현실이 되었다. 작가의 길로 입문하게 된 것이다.

단단히 겉멋이 들어 일찌감치 시어 놓았던 필명이 마치 주술처럼 영험함을 발휘하기라도 한 걸까? 그렇다면 얼마든지 부려도 되는 겉멋이었다. '도이'라는 필명이 있어 든든하다. 그 속에 담긴 의미처럼 수불석권(手不釋卷)의 자세가 해이해지지 않도록 나를 단속해 주리라 믿는다. 글을 쓴다는 것에 감사하면서 오늘도 노트북을 열고 있다.

수필 그거

 멋모르고 덤벼들 때는 참 쉬웠다. 선무당이 사람 잡는 것처럼 거침없이 펜을 굴렸다. 아는 게 병이라고 했던가. 어느 분야든 깊숙이 들어가 그 세계를 제대로 알고 나면 그때부터는 접근이 조심스러워진다. 이것에 걸리고 저것에 신경 쓰여 한 글자, 한 문장도 가벼이 쓸 수 없게 된다. 지금 나는 수필 쓰기의 어려움을 토로하고 있는 것이다.

 애초에는 수필을 쉽게 보고 누구나 쓸 수 있는 글로 여겼다. 작가의 심오한 지성과는 거리가 멀다고 생각해 시나 소설과 비교하며 문학의 하위 장르로 치부했다. 교과서에 실려 있는 몇 편의 글을 접했을 뿐 따로 수필집을 사서 읽은 경험도 없었던 것 같다. 지금 생각하면 장님 코끼리 만지기 격의 좁은 소견이었다. 겨우 개론서를 읽고서 문학을, 철학을 다 이해했다고 생각하는 어리석음이었다.

남편이 던진 말 한마디가 수필에 닫혀 있던 문의 빗장을 열게 해 주었다. 거실에서 TV를 보던 남편이 나와 보라는 듯 안방을 향해 목소리를 높였다.

"당신도 저러면 되겠네. 딱 당신이 꿈꾸는 삶인데? 우리 나이의 귀농한 부부인데 남편은 밭농사를 지어 좋은 먹거리를 만들고 부인은 글을 쓴대. 정식으로 등단한 수필가라는데?"

"수필? 그건 누구나 다 쓰는 글이야. 그리 대단한 거 아냐."

나는 읽던 책에서 눈을 떼지도 않은 채 심드렁하게 대답했다. 그때만 해도 수필에 대한 내 편견과 무지는 심각한 수준이었다. 수필이라면 자신의 경험을 바탕으로 솔직하게 쓰는 글이고, 그렇게 치자면 내가 예전부터 간간이 쓰고 있는 일기도 수필의 영역과 크게 다르지 않다고 생각했다. 인생의 후반기에 달한 사람들이 그동안의 삶의 궤적에서 나온 경험을 바탕으로 풀어 쓰면 누구나 어렵잖게 쓸 수 있다고 만만하게 본 것이다.

그런데 참 묘했다. 순간 흘러들었던 남편의 말이 잔칫집 파리 떼마냥 자꾸 귓가에서 맴돌았다. 쫓으면 또 오고, 날아갔다 싶으면 어느샌가 이 음식 저 음식에 내려앉아 떠나질 않는 파리 떼처럼 수필은 그렇게 내 곁에서 맴돌다가, 머물다가, 아예 주저앉았다. 수필 쓰기를 시작하게 된 계기치고는 밍밍하기 짝이 없지만 이것이 팩트이다.

그 후로 현재까지 이어지고 있는 글쓰기 공부는 우물 안에 앉아서 보이는 하늘만 바라봤던 나에게 무한한 하늘과 망망대해를 인식하게 해 주고 있다. 누군가를 가르치려 하고, 지식 자랑을 하려는 글이 아닌 짜내지 않은 솔직함으로 공감을 불러오게 하는 글, 단순한 장면 전달이나 경험의 나열에서 그치는 글이 아닌 감정을 흔들어 사색으로 유도하는 글, 짧은 한 문장에서도 시름을 내려놓고 미소 짓게 하는 글. 이것이 수필다운 수필을 쓰기 위한 기본이면서 넘어서야 할 과제이다. 때로는 '수필은 이래야 한다'는 틀에 갇히지 않으려고 호기롭게 이런저런 시도도 해 보았지만 결국 본질을 벗어난 글은 정체가 모호해진다. 그러니 문장 쓰기에 속도가 붙을 리 만무하고, 글감 선택에서 얼개 짜기를 거쳐 한 편의 수필이 완성되는데 꼬박 몇 주, 아니 몇 달을 잡아먹는다. 품격을 갖춘 글을 쓰기 위한 수필가로서 걸어가야 할 길은 멀고도 멀다. '클라이맥스를 필요로 하지 않지만 눈에 거슬리지 않는 파격이 수필"이라는 어느 대가의 표현처럼 역설적이게도 수필은 쓸수록 어려워진다. 수필을 가벼이 여겼던 나의 오만이 여지없이 뭉개진 셈이다.

  수필 쓰기의 어려움을 털어놓다 보니 어린아이 투정 부리듯 엄살이 되어 버렸다. 글을 쓰다 보면 종종 가려던 방향에서 벗어나 저만치 틀어져 엉뚱한 곳으로 가고 있을 때가 있는데 이 글 또한 그런 듯하다. 다시 제 방향으로 돌아와 정작 내가 하고 싶은 말을 쑥스럽게 꺼내 놓자면 그럼에도 어느 순간 수필을 사랑하게 되었다는 것이다. 수필을 야금야금 알아가는 과정에서 나도 모르게 싹튼 사랑이다. 수필을 쓰면서 사람과 세상을 보는 시야가 넓어졌다. 일부러 동네 탐방을 나가 구석구석을 눈에 담아 오는 일, 걷기 운동을 마치고 양손 가득 쓰레기를 주워 오는 일, 콩 백설기를 만들어 경비 아저씨들과 나눠 먹는 일 등 그동안 일에 치여 바쁘다는 핑계로 외면했던 일들이 이젠 기쁨이 되고

---

* 《인연(因緣)》, 피천득, 샘터, 2007.

있다. 수필이 나에게 사람을 따뜻하게 대하는 마음과 세상을 너그럽게 바라보는 눈을 선물해 준 것이다.

여전히 어설프다. 미루고 미루다 더는 미룰 수 없을 때 극심한 심적 압박을 받아가며 글을 쓰고 있다. 그렇지만 나는 이미 수필과 깊은 사랑에 빠져 있다. 온아하고 은근한 수필이 주는 매력에서 빠져나오기는 쉽지 않을 것 같다. 모두가 잠든 깊은 밤, 혼자 책상에 앉아 글을 쓰는 시간이 그저 행복하다. 쓴다는 것은 내면으로 떠나는 조용한 여행이기에 그 은밀한 여행을 포기할 수가 없다.

블루마블

　블루마블(blue marble)은 어감 자체로 환상적이고 아름답다. 달로 향하는 아폴로 17호 우주비행사들이 촬영한 지구의 모습이 마치 파란 구슬같이 아름다워서 붙여진 이름. 아름다운 지구 사진이 찍힐 수 있었던 데는 좋은 운이 작용했다고 한다. 지구와 충분히 멀리 떨어진 거리와 태양을 등지고 그림자 없이 찍을 수 있었던 아폴로 17호의 궤도가 딱 맞았기 때문. 20세기에 찍은 사진의 역사가 53년이 지나 21세기로 넘어왔다. 지금도 지구는 블루마블인 채로 여전히 아름다운 걸까?

　그렇다고 말할 수 있어서 흐뭇하다. 예전에도 그랬고 지금도 지구는 변함없이 아름답다. 나는 매일매일 그것을 발견하고 있다. 겉모양의 흡족함에서 오는 아름다움뿐만이 아니라 내부에서 우러나오는 아름다움도 있으니 아름다움의 의미를 어디에서 찾느냐에 따라 달라질 수 있는 대답이겠다. 지금 지구 외양은 오염의 상처로 신음 소리를 내고 있고, 예전의 모습과 조금 달라져 있다. 하지만 원래의 상태로 되돌리려는 세계인들의 노력이 한마음을 이루고 있으니 전자에 대해서는 훗날 말해도 되겠기에 미뤄 두겠다. 나는 후자의 아름다움에 대해 이야기하고 싶은 것이다. 지구라는 거대한 동그라미는 그 안에서 살고 있는 지구인들의 품앗이 역할로 아름답게 굴러가고 있다. 각자가 하나씩 가지고 있는 자기 분야의 퍼즐 조각, 즉 각자의 재능을 품앗이하며 서로를 의지한 채 오늘도 아름답게 굴러가고 있는 중이다. 한 군데 모난 구석도 없이 구멍난 공간도 없이 조각이 잘 맞춰진 퍼즐처럼 지구 공간을 꽉 채운 채로.

아침 산책길에서 천사 같은 아기들을 만났다. 맑디맑은 눈으로 세상을 구경하러 나온 아기들. 보이는 모든 게 신비로운 듯 초롱초롱한 눈빛의 아기들을 태우고 유모차 행렬이 지나간다. 동요를 불러 주면서 뒤따르는 유아원 선생님들을 보며 생각한다. 직장 일로 아기를 돌볼 수 없어 누군가의 도움이 필요한 부모들에게 유아원 선생님들의 역할이 참 고마운 일이겠다고. 유아원 선생님들이 하루 일과를 끝내고 노래나 연주곡을 들으며 휴식을 취한다면 또한 누군가의 도움을 받으며 피로를 풀고 있는 것. 감미로운 노래를 부르는 가수나 아름다운 선율을 선사하는 연주가의 역할에 기대어 충전할 수 있으니 큰 틀에서 보면 서로 품앗이를 하고 있는 격이다. 가수나 연주가 들이 예술적 영감을 얻기 위해 또는 취미 생활을 위해 독서삼매에 빠지는 시간을 갖는다면 글을 쓰는 작가들의 역량에 기대고 있는 것. 작가들은 또 어떤가. 역사, 과학, 정치, 경제 등 온갖 분야의 자료를 참고해 글의 사실성을 뒷받침할 수 있으니 다양한 분야의 거인들에게 도움을 얻고 있다고 말할 수 있다. 이렇게 품앗이로 맞물려 돌아가는 세상을 하나하나 짚어 나가자면 끝도 없이 이어진다.

매일 아침 환경미화원의 노고로 깨끗한 거리를 걸을 수 있고, 아침 작업을 끝내고 카페에 들른 환경미화원은 카페 주인이 내려 주는 따뜻한 커피 한 잔에 심신을 녹이며 휴식을 취할 수 있다. 카페 주인은 파트 타임에 맞춰 와 주는 아르바이트생이 있어 일을 맡길 수 있고, 그 길로 문화 센터에서 필요한 강좌를 들을 수 있을 것이다. 강의를 마친 영어, 컴퓨터, 수채화 강사가 일을 끝내고 쉬는 동안 TV 프로그램을 시청한다면 방송인들이 보여 주는 다채로운 재능으로 한바탕 웃을 수 있다. 방송에 종사하는 사람이 힐링을 위한 여행을 떠난다면 안전하게 하늘길을 운전하는 비행기 조종사와 친절을 선사하는 승무원들의 배려를 받으며 즐거운 여행을 다녀올 수 있다. 조종사나 승무원들은 현지에서 휴식시간이 주어졌을 때 연극을 감상하며 위안을 얻을 수 있다. 무대에 오른 배우들은 거꾸로 관객들이 보여 주는 응시와 박수갈채에 열연의 동력을 얻게 되니 품앗이의 선순환은 꼬리에 꼬리를 물고 이어진다. 관객인 우리는 어떤가? 스포츠 경기를 즐기며, 지하철로 이동하며, 병원에 입원하고 치료받는 과정 등등 지구 공동체 곳곳에서 보이지 않게 연결된 끈을 맞잡고 서로를 거들어 주며 살아가고 있다.

누구나 존재의 이유가 있고, 어느 일 하나 소중하지 않은 것이 없다. 독불장군처럼 혼자 우뚝 설 수 있는 일은 아무것도 없다, 내가 하고 있는 일이 누군가에게 도움이 되고 나 또한 누군가의 일을 통해 도움을 받으며 우리는 품앗이

꾼으로 살고 있다. 나도 커다란 지구의 한 귀퉁이를 담당하고 있는 것. 그러니 지구는 여태껏 문제없이 굴러가고 있고, 46억 년 전 탄생 이래 한 번도 멈춘 적이 없었다.

나이가 들어 가면서 부쩍 주변에서 일어나는 작은 일들에도 의미를 부여하게 된다. 심상하게 보았던 것들이 심상치 않게 보여 발길을 멈추는 일이 잦아졌다. 아낄 것 없는 미소조차 인색했던 내가 어느 틈에 헤프게 웃고 있다. 바쁘게 하루하루 살아가는 사람들을 보며 꿈틀거리는 생명력을 느끼게 되고, 서로 덩이진 채로 살아가고 있는 모습이 참 아름답다는 것을 매일매일 발견하고 있다. 오랜 세월을 살아 낸 연륜에 주는 보상이라고 하더라도 받고 보니 너무도 값진 선물이다.

지구 동그라미 안에서 서로서로 품을 팔고 갚으며 살아가고 있는 우리. 각자의 재능 퍼즐 조각과 품앗이 역할로 구(球)를 이룬 채 굴러가고 있는 지구는 여전히 아름답다. 언제까지나 블루마블인 채로 남을 것이다.

무식한 놈

쑥부쟁이와 구절초를

구별하지 못하는 너하고

(중략)

나여, 나는 지금부터 너하고 絶交(절교)다.*

  제목이 〈무식한 놈〉이라는 어느 시인의 짧은 시 일부이다. 나는 시인의 짓궂은 과장에 피식 웃음이 새어 나왔다. 쑥부쟁이와 구절초라는 꽃 이름 자체도 생소한 사람이 많을 텐데 꽃 모양을 구별하지 못한다고 하루아침에 절교 선

---

* 안도현 시집 《그리운 여우》 중 〈무식한 놈〉 인용.

언이라니 과히 익살스러운 의도적 과장이 아닐 수 없다. 화자의 심정대로라면 우리는 무더기로 무식한(?) 놈이 되고 절교감이다. 게다가 쑥부쟁이와 구절초의 사촌 격인 벌개미취까지 더해지면 그 구별은 더 힘들어지고 머리가 복잡해진다. 모두 국화과인 이 세 꽃을 정확하게 구별할 줄 알면 야생화 공부가 끝났다는 말이 있을 정도로 구별이 쉽지 않기 때문이다. 자연에서 피고 지는 우리 들꽃을 애정하는 마음이 시 속에 배어 있다. 시를 읽고 저절로 꽃 이름을 검색하게 되는 걸 보면 4행의 짧은 시구가 우리의 마음을 슬며시 흔들어 놓고도 남음이다.

   작년 가을 남편과의 등산길에서 있었던 일이다. 우리 부부는 특별한 일이 없으면 일요일에는 으레 동네 뒷산에 오른다. 때로 차를 몰고 다른 지역의 산을 찾을 때도 있지만 제일 만만한 것은 아무래도 가장 가까운 뒷산이다. 저질 체력인 나는 산의 초입부터 뒤처진다. 완만한 오르막에도 속도를 내지 못하고 헥헥거리기 일쑤다. 힘들면 뒷짐을 지고 걷기도 하는데 남편은 그런 나를 팔십 노모와 함께 가는 것 같다고 불평을 한다. 그러면서도 앞서가지 않고 나와 보폭을 맞춘다. 일부러 뒷걸음으로 걷기도 하고, 등산 스틱을

지팡이 삼아 찰리 채플린처럼 심한 팔자걸음을 걷기도 하다가 안 되겠다 싶으면 제 걸음으로 저 앞까지 먼저 갔다가 다시 나 있는 데로 오기를 반복한다. 아마 말은 안 해도 무척이나 답답할 것이다.

  우리는 등산을 하는 목적이 서로 다르다. 운동 효과가 나도록 빠른 걸음으로 정상에 올라 정복감을 맛보고자 하는 것이 남편의 목적이라면 나는 정반대로 정상을 오르고 못 오르고는 그리 중요하지 않다. 천천히 산을 오르면서 계절 따라 달라져 있는 주변의 꽃도 살펴보고 나무 위를 재빠르게 오가는 청설모를 올려다보기도 하면서 숲속 풍경을 느끼고자 하는 것이 나의 목적이다. 그러다 보니 산행은 늘 엇박자이다.

  그날도 나와 보폭을 맞춰 걷다가 한참 앞서가던 남편이 웬일인지 저만치서 멈춰 선 채 내가 올라오기를 기다리고 서 있었다. 가까이 가 보니 남편의 발 옆으로 연보라색 들꽃이 한 무더기로 피어 있었다. 마치 두리반을 장식하고 있는 듯 둥그런 군락이었다.

  "이거 구절초 맞지?"

  남편은 내가 꽃 이름에 일가견이 있다고 생각했는지 꽃

과 나를 번갈아 보며 물었다. 순간 나는 장난기가 발동했다. 남편을 당황하게 만들 절호의 기회라고 생각했다. 전에 읽었던 시구가 문득 떠오른 것이다.

"무식한 놈!"

나는 잠깐 뜸을 들였다.

"뭐라고? 지금 나한테 말한 거야?"

남편은 당황한 기색이 역력했다. 나는 태연하게 시의 나머지 부분을 읊었다.

"쑥부쟁이와 구절초를 구별하지 못하는 너하고

…… 나는 지금부터 너하고 절교다."

점점 돌로 변해가는 〈장자 못 설화〉의 며느리처럼 남편의 얼굴이 굳어 가는 걸 곁눈으로 확인했다. 나는 태연스럽게 읊기를 멈추고 한결 부드러운 어투로 말했다.

"오해하지 마, 이 상황에 딱 맞는 시 한 편 읊은 거였어. 그건 구절초가 아니라 쑥부쟁이네요. 이파리만 봐도 금방 알 수 있겠네요."

무슨 그런 시가 다 있냐고, 즉석에서 지어낸 시 아니냐고 의심의 눈초리로 따져 묻던 남편도 나도 동시에 웃음이 터져 나와 파안대소했다. 남편은 안도감이었을 거고, 나는 고소함이었을 거다.

정상에 올라 눈에 익숙한 인근 동네의 전망을 내려다보고 준비해 간 간식과 커피를 나눠 마시며 이런저런 얘기를 나누는 게 주말의 의식처럼 되었다. 산이 높든 낮든 함께하는 과정 자체로 한 주의 유의미한 마무리라는 생각이다. 내려올 때 남편은 내가 좋아하는 데크 둘레길 쪽으로 방향을 틀었다. 그 길은 발바닥에서 느껴지는 나무의 질감이 좋고 풍경 또한 일품인 데다가 걷기도 한결 수월하다, 하지만 지름길이 아님을 잘 알고 있던 터라 일부러 신경 써 주는 남편을 보며 괜스레 미안해졌다. 사람을 세우는 사람이 되자고 마음먹건만 기죽이는 사람이 된 것 같아 더두욱. 시가 주는 감흥을 혼자 간직하지 못하고 써먹기 위한 방편으로 읽은 격이 되고 말았다.

산행에서 돌아온 날, 나는 노트에 그 시를 옮겨 적고 쑥부쟁이와 구절초 그리고 벌개미취에 대한 특징과 구별법을 조사해 상세히 기록했다. 그림도 그려 넣었다. 고추잠자리가 보이기 시작하면 가을 산 양지쪽에 유난히 희게 피어 눈에 잘 띄는 꽃이 구절초요, 연한 보라색에 꽃잎 수가 많고 이파리 가장자리에 굵은 톱니가 있는 것이 쑥부쟁이다. 벌개미취는 쑥부쟁이와 피는 시기도 꽃 모양도 비슷하지만 꽃이 연한 자줏빛이고, 윗부분에서 가지가 많이 갈라진다. 벌에서 자란다고 벌개미취라는 이름이 붙여졌다.

 꽃을 보고 누구든 내게 다시 묻는다면 제대로 친절하게 알려 주기 위한 마음을 담았다고 해야 할까? 짧은 시 한 편의 파급이었다.

어설픈 청소부

얼굴에 와닿는 새벽 공기가 상큼하다. 마치 공기를 응고시켜 얼려 두었다가 미세한 입자로 분쇄해 발사한 것처럼. 새벽녘의 거리는 꿈틀거림이다. 아침 교대 근무를 위해 유니폼의 단추를 채우는 아파트 경비원이 보이고, 커다란 가방을 둘러맨 학생들이 등교를 위해 버스 정류장으로 향한다. 화단 안에 숨어서 아침잠에 취해 있던 길고양이가 내 발기척에 놀라 발딱 일어나더니 원망하듯 사라진다.

나는 일주일에 두 번 새벽의 대열에 합류한다. 새벽 다섯 시 반에 울리는 알람 소리에 튕기듯 일어나 활동하기 편한 옷을 입고 장비를 챙긴다. 길쭉한 청소 집게와 목장갑, 그리고 큼직한 비닐봉지를 들고 제일 먼저 향하는 곳은 아파트 앞 정류장이다. 시내버스는 물론 특정 번호를 달고 서울을 오가는 시외버스도 정차한다. 버스를 기다리며 머무는 사람들이 많다 보니 주변은 늘 지저분하다. 예전과 달리 미관상의 문제 등으로 길거리에서 쓰레기통이 사라졌다. 버릴 곳이 마땅치 않은 걸 감안하더라도 여기저기 버려진 쓰레기들은 하루를 시작하는 사람들의 눈살을 찌푸리게 한다.

나는 정류장 의자 위 쓰레기를 먼저 치운다. 빨대를 꽂은 채 두고 간 테이크아웃 컵과 구겨진 광고 전단지를 집게로 집어 비닐봉지에 담는다. 어디선가 날라 온 스티로폼 쪼가리들, 과자 봉지들을 주워 담다 보면 바람에 나풀대던 빈 봉지가 어느새 불룩해진다. 아파트 주변을 훑어가면서 눈에 들어오는 쓰레기를 주워 담고, 화단 속에 숨어 있는 생수병, 음료수 캔 등도 집어내 담다 보면 금방 비닐봉지가 채워지는 것이다. 쓰레기 중 가장 많은 건 단연 담배꽁초다. 아파트 뒤쪽의 빗물받이 주변에는 작정한 듯 담배꽁초들이 무더기로 버려져 있다. 안 보이는 곳이라고 방심한 행동의 흔적들이 야속하게 느껴진다. 블록과 블록 사이에 끼어 잘 빠지지 않는 담배꽁초를 집어내는 게 한동안은 곤혹이었는데 점점 요령이 생겼다. 틈새에 억지로 집게를 넣을 필요 없이 꽁초의 한쪽 끝을 밀어 올리면 블록 위로 톡 튀어 올라와 수월하게 집어 올릴 수 있다. 처음엔 집게를 쓰는 게 익숙지 않아 몇 번씩 헛집기도 하고 악력이 약해 손에 마비가 오는 것 같기도 했다. 그럴 땐 장갑을 벗고 손아귀 운동을 몇 번 반복하면 금방 손에 힘이 다시 생긴다.

어떤 날은 환경미화원과 함께 움직이는 날도 있다. 연두색 형광 조끼를 입고 빗자루로 인도 밑 아스팔트 구석구석에 있는 쓰레기를 척척 쓸어 담는 모습이 내 눈에는 프로다.

"수고가 많으시네요. 어디서 나오셨어요?"
"네. 안녕하세요. 구청 소속 환경미화원입니다."

짧은 대답을 던지고 맡은 임무 수행에 여념이 없다. 오로지 청소에만 신경 쓰는 직업 정신에 신뢰가 간다. 그분들의 부지런함으로 아침마다 깨끗한 거리를 만날 수 있다는 사실을 직접 눈으로 확인하고 있다. 환경미화원의 손길이 미처 닿지 못하는 인도의 보도블럭과 도로에 인접한 화단 속 쓰레기들을 줍는 일이 내가 하는 일이다. 서로 청소하는 장소가 다르다 보니 각자 돌아다니며 쓰레기를 치우다가 우연히 구간이 겹치기도 한다. 차도와 인도를 구분하는 분리대를 사이에 두고 차도에는 환경미화원이 인도에는 내가 서로 마주 보며 쓰레기를 치운 적도 있다. 아마 내막을 모르는 사람이라면 사복을 입고 함께 청소를 하는 내 모습을 보고 구청 소속의 환경미화원 수습사원쯤으로 착각할지도 모르겠다.

아파트 언저리를 한 바퀴 돌면서 쓰레기 줍기를 마치고 나면 근 두 시간 정도가 훌쩍 지나 있다. 중노동을 한 것도 아닌데 허리가 뻑뻑하고 집게를 잡은 쪽의 목장갑 안쪽은 땀으로 축축해져 있다. 비닐봉지 끝부분까지 채운 수확 아닌 수확물을 다시 분리해 배출하고 남은 일반 쓰레기를 아파트 공동 쓰레기봉투에 넣는 것으로 내 새벽 청소는 마무리된다. 그제야 허리를 뒤로 젖히고 깨끗해진 아파트를 바라보면 고단함은 씻은 듯 사라지고 마음이 흐뭇해진다.

언젠가 읽었던 《모리와 함께한 화요일》이라는 얇은 책 한 권이 나를 새벽 거리로 이끌었다. 루게릭병으로 죽어가던 노교수의 인생 강의는 아직도 나에게 큰 울림으로 남아 있다. "의미 있는 삶이란 자신에게 목적과 의미를 주는 일을 창조하는 데 자신을 바치는 것이다"라는 한 문장이 나에게 어떻게 살아가야 할지를 일러 주었다. 사유의 시간이 많아졌다. 작더라도 지역 공동체를 위해 내가 할 수 있는 일을 하자는 생각에 이르렀고, 그것이 새벽 쓰레기 줍기로 이어졌다.

아직은 어설픈 청소부이다. 내가 살고 있는 아파트, 버스 정류장이, 주변 아파트 단지들과 연결된 일대 도로가 대청소를 한 듯 쾌적함이 유지되는 그날까지 나의 쓰레기 줍기는 조금씩 진화를 거듭할 것이다.

---

* 《모리와 함께한 화요일》, 미치 앨봄 지음/공경희 옮김, 출판사 세종 서적, 2004.

문화에 대한 견해

 경기도 광명시 오리로 268번지. 도심 외곽에 자리 잡은 건물은 정갈했다. 석간주색의 벽돌 건물을 세로축으로 하고 파스텔톤 계열의 격자무늬 외벽이 가로축을 이루며 맞물린 외관은 군더더기 없이 단아했다.

 문을 잠근 시인의 빈집으로 빗장을 열고 들어갔다.* 금 간 창틈으로 고요히 빗소리를 들으며 빈방에 혼자 엎드려 훌쩍거리던 시인의 유년이 그 안에 있었다. 찬밥처럼 방에 담겨 열무를 팔러 나간 엄마를 기다리던 소년의 얼굴은 여전히 눈물로 얼룩져 있었다.** 투명한 유리관 위로 소년과

---

* 기형도 시 〈빈집〉에서 인용.
** 앞의 저자 〈엄마 걱정〉에서 인용.

얼굴을 마주한 소녀가 눈물을 닦아 주려 손을 뻗었다. 몇 개밖에 안 남은 몽당 크레파스로 나뭇잎을 칠할 색깔이 없어 난감했던 상고머리 소녀. 엉뚱한 색을 덧칠하며 초록색을 만들어야 했던 그 소녀의 눈에도 눈물이 차올랐다.

발길을 조금 옮기자 소년은 어느새 돌층계 위에서 플라톤을 읽는 청년이 되어 있었다. 나무 의자 밑에는 버려진 책들이 가득했고, 총성이 울렸고, 은백색의 아름다운 숲에서는 나뭇잎조차 무기로 사용되었다.*** 정체 모를 색깔로 나뭇잎을 색칠했던 단발머리 소녀는 그때 검은색 교복에 달 풀 먹인 카라를 다림질하고 있었다. 한 코스를 돌아 발길을 멈추니 시인이 오래된 서적이 되어 말했다. '나를 한 번이라도 본 사람은 모두 나를 떠나갔다고. 그러니 누가 나를 펼쳐 보겠냐고. 나는 기적을 믿지 않는다고.****

하지만 예전의 소녀는 떠나지 않고 찾아왔고 그 소녀의 소녀들은 오래된 시집의 갈피갈피를 펼쳐 보며 시인을 알아 갔다. 그리고 파란색 화면 앞에서 헤드셋을 장착한 후 〈빈집〉을, 〈안개〉를, 〈대학 시절〉을 낭송하며 시인을 목소리에 담았다. 시인의 집을 찾아오는 사람들이 전에도 많았

*** 앞의 저자 〈대학 시절〉에서 인용.
**** 앞의 저자 〈오래된 서적〉에서 인용.

을, 이후에도 계속 이어질 식지 않는 열기를 느꼈다면 시인은 기적을 믿어도 되는 것이었다.

"엄마는 기형도 시인을 어떻게 알게 되었어요?"

"야, 너는 그게 엄마한테 할 질문이니?"

문학관을 돌아 나오는 차 안에서 작은딸의 기습 질문에 큰딸이 면박을 주었다. 내 대답을 가로챈 채 둘의 대화가 계속 이어졌다.

"난 시가 전체적으로 어둡긴 해도 다 좋았어."

"난 잘 몰랐던 기형도라는 시인에 대해 많이 알게 된 게 좋았어."

이것이었다. 참여하는 문화생활. 우리는 그동안 일 방향적인 설명에 익숙해 있지 않았던가. 두 딸이 다양한 문화의 현장에서 몸으로 느끼고 서로의 감흥을 주고받으며 마음이 비옥해지기를 바랐다. 대학 졸업 후 각자의 분야에서 바쁘게 사회생활을 하는 딸들을 보자니 대견하면서도 한편으로는 일에 치여 청춘의 낭만을 놓치고 있는 것 같아 몇 달 전 기습제안을 했다.

"우리 한 달에 한 번 문화 탐방을 하는 건 어떨까? 전시회, 연주회, 문학관, 콘서트 등 분야를 망라하고 다양한 문화를 경험해 보는 거. 연장자순으로 자기 취향껏 문화 콘텐

츠를 추천하고 그 선택을 무조건 따르기로. 어때?"

"오우! 좋은데요. 난 찬성."

"나도 찬성."

의외의 반응이었다. 친구들 모임이나 연애 생활, 세대차를 핑계로 탐탁지 않아 할 거라고 생각한 건 연장자의 기우였다. 난 여세를 몰아 밀어붙였다.

"그럼 이참에 그럴듯한 이름도 만들자. '문사모' 어때? 문화를 사랑하는 모녀. 보통 '문사모' 하면 특정인이나 어떤 모임을 떠올릴 텐데 의외성도 있고 괜찮지 않아?"

"좀 진부하긴 한데 딱히 떠오르는 것도 없으니 그럼 그걸로 하죠."

그렇게 해서 탄생한 문사모이다. 가장 연장자인 내가 첫 문화 현장으로 선택한 게 이곳 기형도 문학관이었다. 가난과 암울한 시대와 삶의 고뇌로 점철된 시인의 회색 정서는 힘들었던 시기의 나였기에 스펀지에 물 스며들 듯 시를 내면화했다. 유고 시집《입속의 검은 잎》을 겉표지가 바래도록 가방에 넣고 다녔다. 시의 기저에 깔려 있는 염세주의는 나의 동지였고, 때로는 도저한 검회색의 세계가 오히려 내 것은 아무것도 아니라며 밀어 올려 주었다. "엄마는 어떻게 기형도 시인을 알게 되었어요?" 그날 작은딸이 물었던 질문에 대한 대답을 여기에 쓰고 있는 것이다. 이어질 문사모의 방향은 어디로 향할지, 나와 삼십 년 이상의 간격 너머에 살고 있는 MZ 딸들의 문화 취향은 어떻게 펼쳐질지 사뭇 기대가 크다.

여가 생활은 생각할 엄두도 못 냈던 힘든 시절에 일찌감치 미래를 내다보는 혜안으로 문화의 힘을 강조한 선각자가 있었다. '우리의 부력(富力)은 우리의 생활을 풍족히 할 만하고, 우리의 강력(强力)은 남의 침략을 막을 만하면 족하다. 오직 내가 한없이 가지고 싶은 것은 높은 문화의 힘이다. 문화의 힘은 우리 자신을 행복하게 하고 나아가서 남에게 행복을 주겠기 때문이다.' 김구의 〈나의 소원〉처럼 나도 문화의 힘을 믿는다. 문화를 향유하는 사람들이 한지에 먹물 번지듯 퍼져 나가 마음의 여유와 풍요를 누리며 살아가기를 바라고 있다. 모녀끼리 발족한 문사모의 발걸음도 거기에 맞춰 멈추지 않고 나아갈 것이다.

3MC의 연극 관람기

서술 시점: 첫째 딸

우리는 대학로 Tom(티오엠) 극장에 자리 잡았다. 중앙 무대가 가까이 보이는 E열 16번과 17번에는 엄마와 동생이 나란히 앉았고, 옆자리는 이미 예매가 되어 있어 난 어쩔 수 없이 앞줄 구석진 자리에 혼자 앉았다. 연극의 막이 오르기 전, 조명이 비추는 무대 위로 클래식한 서재가 보이고 한쪽에는 격자무늬 모포가 덮인 소파가 자리 잡고 있다. 아치형 창문 밑으로 길게 놓인 장식장 위에는 고미술품들이 빼곡히 진열되어 있어 예술품 수집이 취미인 학자의 서재임을 어렵지 않게 짐작할 수 있다. 어디선가 들려오는 슈

베르트의 '아르페지오네' 음향이 배우들의 등장을 한껏 기대하게 하면서 관객들의 몰입을 이끌고 있다.

사실 엄마와 딸들과의 문화 탐방 모임을 만들자는 엄마의 제안을 받았을 때 '굳이?'라고 생각했다. 지금도 미술관이나 음악회 등 심심찮게 문화생활을 해 오고 있고, 한 달에 한 번으로 고정이 되면 즐기는 문화가 아닌 과제 수행 같은 문화생활이 될 것 같은 우려에서였다. 엄마가 제안한 문사모(문화를 사랑하는 모녀)라는 모임 이름도 솔직히 올드했다. 처음엔 딱히 생각나는 게 없어 그러자고 했지만 아무래도 젊은 우리 감각과는 맞지 않았다. 고심 끝에 3MC(세 모녀의 컬처 데이)로 바꾸기로 했다. 그럼에도 엄마의 제안을 흔쾌히 수락한 데는 이유가 있다. 연장자순으로 진행하고, 어떤 문화 코드를 선택하더라도 취향을 존중해 따르기로 한다는 것, 그날 발생하는 비용은 철저히 n분의 1로 처리한다는 것이 내 흥미를 자극했기 때문이다. 경제적 자립을 이룬 딸들에게 문화비 지출을 분담시키겠다는 엄마의 발상은 일종의 성인 존중이자 캥거루 주머니 밖으로 확실하게 내치는 절차일 터였다. 엄마에 이어 두 번째 연장자인 내 차례가 되었을 때 이게 뭐라고 책임감이 느껴졌다. 여러 공연과 전시 일정을 검색하며 고민을 거듭한 끝에 연극 [라스트 세션]을 골랐다.

무대의 배경은 1939년. 세계 2차 대전의 발발로 독일의 폭격기 굉음이 연이어 들려오고 영국은 참전을 결정한다. 시시각각으로 라디오 방송에 귀를 기울여야 하는 긴박한 상황에서 정신분석학자인 프로이트 박사의 서재에서는 그의 초대를 받고 온 옥스포드 대학의 젊은 교수 루이스와의 치열한 논쟁이 펼쳐진다. 무신론자인 프로이트 박사는 과학으로 증명할 수 없는 신을 부정하며 신은 인간의 나약함이 만들어 낸 허상일 뿐이라고 일관된 주장을 펼친다. 반면 개종한 젊은 작가 루이스는 신의 존재를 피력하며 노 의사의 의견을 조리 있게 반박해 나간다. 신이 있어 인간은 위안을 얻고, 나락으로 떨어져도 한 줄기 빛을 내려 주기에 다시 희망을 안고 일어설 수 있으니 신은 곧 구원자라는 것이다. 전쟁의 공포와 두려움이 엄습해 오는 와중에도 두 사람은 전투기 소리가 들려오면 책상 밑으로 숨었다가 다시 일어나 지칠 줄 모르는 논쟁을 이어간다. 신과 종교, 삶과 죽음의 의미에 대해 끝없이.

나는 두 사람의 치열한 논박을 지켜보며 생각이 많아졌다. 인류의 탄생 이래 현재까지 이어지는 신의 유무에 대한 논쟁은 답을 얻고자 함이 아닌 논쟁 자체에 의미를 두어야 한다는 생각이 들었다. 논쟁 과정에서 어떤 문제에 천착하는 동안 삶을 통찰하는 힘과 관용이 길러진다고 생각했기 때문이다. 다원주의 시각으로 두 이론의 양립을 인정하면 되는 게 아닐까?

두 시간이 넘는 긴 러닝타임을 단 두 사람만의 대사로만 이어가는 공연에 감탄하지 않을 수 없었다. 학술적인 내용과 엄청난 대사 분량을 실수 없이 완벽하게 연기하는 두 배우의 능력과 열정이 무대의 열기를 뜨겁게 달구었다. 커튼콜 타임에 터져 나오는 함성과 열렬한 박수 소리에서 관객들이 받았을 감동의 무게를 짐작할 수 있었다. 구강암으로 고통스러워하는 노 의사 프로이트 박사를 연기한 N 배우의 노련함과 박사의 논리에 조금도 뒤처지지 않는 젊은 작가 루이스 역을 맡은 L 배우의 혼신이 실린 연기에 나도 저절로 자리에서 일어나 기립 박수 대열에 합류했다. 뒤를 돌아보니 엄마와 동생도 두 손을 높이 들고 환호를 보내고 있었다.

극장을 나와 인파 속으로 던져진 우리는 비에 젖은 대학로를 걸으며 각자의 연극 감상을 공유했다. 사람마다 추구하는 삶의 가치가 다른 것처럼 각자의 종교관과 신념 또한 다름을 이해하고 다양성을 존중하자는 것. 그리고 자신의 분야에서 쏟아 내는 열정이 얼마나 멋져 보일 수 있는지 등 등. 민감하고 심오한 주제였지만 가족이라서 거리낌 없이 이야기를 나눌 수 있었던 소중한 시간이었다. 그런 의미에서 두 번째 연장자인 나의 문화 선택은 성공적이었다고 자평한다.

 이런 문화생활이라면 얼마든지 오케이다. 생활에 활력이 될 것 같은 좋은 예감!

암벽을 타고 하강을 하고

서술 시점: 둘째 딸

"어머니! 거기서 발을 떼세요! 떨지 마시고 로프에 몸을 맡기시면 돼요!"

밑에 있는 강사가 암벽을 간신히 타고 올라간 엄마를 향해 외쳤다.

"발이 안 떨어져요. 못하겠어요."

잔뜩 겁먹은 엄마는 클라이밍 홀더에 발을 얹고 거미처럼 암벽에 착 달라붙은 채 꼼짝을 안 했다. 하강은 엄두도 못 내고 바르르 떨고 있었다. 엄마 옆에서는 어린 학생들이 암벽 맨 꼭대기까지 올라갔다가 로프를 타고 탄력을 받으며 멋진 하강을 반복하고 있었다.

"엄마! 옆에서 하는 거 보고 그대로 하면 돼요! 몸에 밧줄이 있으니 안심하고 발만 떼면 저절로 내려오는 거예요!"

언니와 나도 번갈아 가며 엄마를 안심시켰다. 드디어 용기를 낸 엄마가 홀더에서 천천히 발을 뗐다. 엄마의 몸무게를 실은 로프가 흔들리더니 "엄마얏!" 하는 소리와 함께 어정쩡한 자세로 바닥에 떨어졌다. 엄마는 발갛게 상기된 얼굴로 마침내 살았다는 듯 안도의 표정을 지어 보였다. 평소 우리에게 보여 준 권위는 다 어디 가고 그날의 엄마는 강가에 내놓은 어린아이처럼 불안불안했다. 짧은 동안의 긴박(?)했던 상황이 얼마나 웃겼던지 우리는 한참을 배꼽 잡고 웃었다.

언니도 운동 신경이 그다지 좋은 편은 아니지만 젊음이라는 충전재를 장착하고 있으니 잠깐의 강습만으로도 어렵지 않게 암벽 타기를 즐겼다. 물론 처음 하강을 할 때는 로프에 몸을 맡기지 못해 머뭇거리기도 했지만 엄마에 비하면 아주 양호한 편이었다. 은근히 스릴을 즐기며 더 높이 오르고 내리기를 반복하는 동안 점점 탄력을 받는 것 같았다.

나? 나로 말할 것 같으면 선수라고 해야 할까? 물론 두 사람에 비하면 말이다. 어릴 때부터 가족들이 나에게 붙여 준 별명이 '땡까땡까'였다. 밖에서 얼굴이 새빨갛게 달아오르도록 친구들과 땡까땡까 노는 걸 좋아해서 붙여 준 별명이다. 그러니 나에게 클라이밍 체험은 처음이어도 하나의 놀이에 불과했다.

"와! 막내 따님은 아주 잘하는데요? 어디서 많이 타 봤나 봐요?"

강사의 칭찬에 어깨에 힘이 잔뜩 들어간 나는 보란 듯이 암벽을 슥슥 타고 올라가 제일 꼭대기 홀더까지 쉽게 터치했다. 그러고는 프로가 아마추어 앞에서 시범을 보이듯 한 발로 벽을 친 후 반사적으로 탄력을 받으며 밀림 속 타잔처럼 자유자재로 로프를 타고 내려왔다. 안정적인 착지에 박수까지 받았다.

난 엄마와 언니와는 결이 좀 다르다. 'MBTI'에서 'E'로 시작하는 것부터가 슈퍼 'I'인 두 사람과는 확연히 다르니까. 아빠를 포함한 우리 가족 중에서 유일하게 '성격 좋다'는 말을 듣는 일인이라면 자화자찬일까?

대학원까지 6년이라는 긴 시간을 집에서 독립해 기숙사

생활을 하는 동안 엄마와 언니는 이런저런 시간을 함께 보내며 공유하는 것들이 많았던 것 같다. 때로는 질투인지 소외감인지 모를 감정이 끼어들기도 했지만 쿨한 성격 덕에 그냥 그런가 보다 했다. 대학 생활 내내 실험실 생활과 산학 연구와 졸업 논문까지 삼중고 속에서 헤매느라 다른 곳에 신경 쓸 여력이 없었으니까.

졸업 후 기업에 소속된 연구원으로 일한 지 벌써 3년 차이다. 9 to 6에 맞춰진 반복되는 일상 속에서 무언가 변화의 필요성을 느끼던 차에 솔깃한 제안을 들었다. 한 달에 한 번 엄마와 딸들과의 문화 탐방을 시작해 보자는 엄마의 제안이었다. 찰나적으로 남자 친구가 떠올랐다. 오빠와의 연애 생활에 지장을 받지 않을까 걱정이 되기도 했지만 한 달에 한 번이라면 괜찮을 것 같았다. 난 흔쾌히 수락했다. 그리하여 최측근끼리의 3MC 모임이 결성된 것이다.

연장자순으로 돌아가며 선택하는 문화 취향에 이의를 제기하지 않기로 한 것이 썩 마음에 들었다. 전시회나 연주회를 즐기는 두 사람과는 다르게 난 내 취향을 고려한 액티비티한 체험을 추천하고 싶었기 때문이다. 서열에서 꼴찌인 내 차례가 되었을 때 첫 번째로 선택한 것이 클라이밍 체험이었다. 두 사람에게 활동적이면서도 색다른 경험을 선물하고 싶은 마음이 컸다. 오십 대 후반인 엄마에게는 무리일 수 있지만 모녀가 함께하는 시간에 의미를 둔다면 한 번쯤의 도전은 괜찮을 것 같아 선택한 것이다. 그런데 우리보다 더 들뜬 표정이 되는 엄마의 반응이 예상 밖이었다. 물론 실제 클라이밍 현장에서는 심하게 고장 난 운동 신경으로 강사도 우리도 애를 먹었지만 그 덕에 배를 움켜잡고 웃을 수 있는 추억이 만들어졌다.

왠지 문화생활을 추구하는 3MC 활동이 나의 워라밸(work-life balance)과 멋진 성취를 이뤄내는 데 구름다리가 되어 줄 것 같다.

조화를 이룬다는 것

　깊어 가는 가을밤, 발레 공연을 보기 위해 오페라 극장을 찾았다. 어스름이 내려앉은 우면산 밑자락의 예술의전당에 화려하게 불이 켜졌다. 마지막 타임의 발레 공연을 보러 온 사람들이 감귤색 불빛 공간 속으로 무리 지어 들어가고 있다. 늦은 시간인데도 전 좌석 매진이라는 기염을 낳은 건 주인공 발레리노의 명성과 인기에 힘입은 거라고 같이 간 짝꿍이 귀띔해 준다. 꽉 들어찬 객석과는 다르게 발코니 모양으로 돌출된 위쪽 측면의 박스석은 비어 있다. [오페라의 유령]을 생각했다. 어딘가에 흰 가면을 쓴 에릭이 망토를 늘어뜨린 채 앉아 있을 것 같은 상상을 하면서.

홍해가 갈라지듯 무대 위 커튼이 양쪽으로 벌어지며 공연이 시작되었다. 유니버설 발레단의 [라 바야데르]. 러시아 황실 발레단을 위해 프랑스 안무가가 만든 작품으로 '라 바야데르'는 힌두 사원의 무희를 가리키는 말이라고 한다. 고대 인도를 배경으로 사원의 무희 니키야와 전사 솔로르의 비극적인 사랑을 그리고 있다. 왕은 솔로르에게 공주와의 결혼을 강요하고, 솔로르는 니키야와의 이루어질 수 없는 사랑에 괴로워한다. 최고 승려인 브라만도 니키야를 향한 일방적인 사랑을 고백하지만 거절당하자 음모로 이어진다. 솔로르와 공주의 정략결혼 축하연 날, 꽃바구니를 이고 춤을 추던 무희 니키야는 그 안에 숨겨 둔 독사에게 물려 죽게 되고 솔로르는 비탄에 빠진다. 환각 속에서 솔로르가 죽은 영혼 니키야와 만나 춤을 추는 장면을 끝으로 3막의 발레 극은 막을 내린다.

인도 특유의 신분제도 아래서 펼쳐지는 사랑과 복수의 비극적 서사시가 가슴 깊은 곳까지 파고들었다. 통시대적이고 통지역적인 소재이기에 관객들은 한마음이 되어 가슴을 졸이다가 갈채를 보내기도 하면서 감정의 파도를 탔다. 천사의 옷인 양 하늘거리는 의상의 주인공 남녀가 애절하게 춤을 추며 사랑을 나누는 모습은 한 쌍의 백조요 한 폭의 그림이었다. 오페라 극장의 웅장함, 이색적인 무대 장치, 그것을 배경으로 펼쳐지는 무용수들의 우아한 발레 동작과 군무…. 발레가 이토록 아름다운 예술이었음을 새로이 느끼며 꿈인 듯 현실인 듯 공감각을 넘나들었다. 비현실적인 점프를 선사하는 발레리노의 현란한 기교까지 더해져 환상적인 가을밤에 젖어 들기에 충분했다.

무대를 바라보며 공연을 관람하는 내내 나의 시선은 또 다른 곳을 찾고 있었다. 조명이 비치지 않는 무대 밑 어두운 공간. 연주를 위해 오케스트라가 자리한 피트 공간 쪽으로 자꾸만 눈길이 갔다. 공연 시작 전 지휘자가 인사를 한 후 이내 관객을 등지고 음악만으로 무대에 생명을 불어넣어 주는 곳. 대사 없이 무용수들의 춤과 표정만으로 스토리를 이해하고 감정이입을 할 수 있었던 데는 음악의 힘이 컸다. 사랑을 나누고 가슴 졸이고 충격에 빠지는 장면들에서 무대 위를 흐르는 서정적인 선율과 때론 폭발할 듯한 악기 소리로 관객들은 생생한 감상이 가능했다. 보이지 않는 곳에서 작은 램프에 의지하며 연주를 이어 갔던 오케스트라 덕분이었다.

세 시간이 찰나처럼 지나갔다. 피날레와 동시에 터져 나오는 환호와 갈채가 고개 숙여 인사하는 출연진의 등 위로 쏟아졌다. 등 위에 흠뻑 배인 무용수들의 땀자국을 보면서 박수는 더 크고 길게 오페라 극장을 울려 댔다. 그 순간에도 피트 안의 지휘자는 팔을 저었고, 연주자들은 쉼 없이 엔딩 음악을 무대 위로 흘려보내고 있었다.

산과 들, 나무와 꽃의 조화가 위대하듯 각자의 역할을 해내면서 조화를 이뤘을 때의 모습은 얼마나 아름다운지. 서로의 배경이 되어 주며 완성한 무대는 또 얼마나 진한 감동을 안겨 주는지. 그날 밤 발레와 오케스트라가 빚어낸 아름다운 조화로 [라 바야데르] 공연은 나에게 잊지 못할 명작이 되었다.

올망이 졸망이

'화초 좋아하시는 분은 가져가세요.'

스킨답서스 화분의 초록 잎 사이에 끼워 놓은 작은 메모지가 눈에 띄었다. 옆에는 아이들 밥그릇만 한 작은 다육이 화분 여남은 개가 올망졸망 놓여 있었다. 누구든지 가져가라고 아파트 로비 테이블에 가져다 놓은 걸 보니 이사하는 사람이 내놓았던가 부녀회에서 화단을 조성하고 남은 것을 갖다 놓은 모양이다.

아침 걷기 운동을 마치고 들어오는 내 발길이 저절로 로비 테이블 잎에서 멈췄다. 우리 집에 가져와 화장실에서 키우면 좋겠다고 생각했다. 물주기도 편할 테고 햇빛을 보지 않아도 화장실 조명이 있으니 잘 자랄 것 같았다. 난 어릴 적 이웃집에서 새끼강아지를 얻어 올 때만큼이나 설레는 마음으로 작고 잎이 통통한 다육이 화분 두 개를 골랐다. 네 마리의 강아지 새끼 중에 새하얀 털을 가진 한 마리를 안고 집으로 데려올 때 내 품에서 꼬물거리던 그 따뜻한 생명의 감촉이 너무 좋았었다. 그때의 기분이 되살아나 작은 화분을 가슴께에 받치고 조심스럽게 걸었다. 작아 보이던 화분이 막상 손에 들고 보니 화분 속 흙 때문인지 제법 묵직했다. 흙 속에서 고개를 쏙 내민 두 녀석이 아침 공기만큼이나 싱그러웠다.

집에 오자마자 화장실로 들어가 거울 밑 빈 공간 위에 화분 두 개를 내려놓았다. 욕실 제품이 전부인 곳에 초록 화분을 놓으면 분위기도 달라지고 화장실 공기도 상쾌해질 거라 기대를 하면서. 그런데 예상외로 화분은 제자리가 아닌 듯 어색했다. 이렇게 저렇게 자리를 옮겨 봐도, 한 발치 떨어져 전체를 둘러봐도 주변과 조화되지 않았다. 나는 어떡할까 고민하다가 그냥 제자리에 도로 갖다 놓는 게 좋겠다 싶어 다육이 화분을 들고 다시 로비로 내려갔다. 조금 전보다 화분 개수가 눈에 띄게 줄어든 걸 보니 그사이 또 누군가 화분을 가져갔나 보다. 남아 있는 화분들 사이에 가

겨왔던 화분을 다시 놓고 올라왔다.

그제야 운동복을 벗어 놓고 커피잔을 들고 소파에 앉았다. 틀어 놓은 클래식 유튜브에서는 볼프 페라리의 '성모의 보석' 간주곡이 흘러나오고 있었다. 다른 때 같았으면 커피를 마시며 음악을 감상하는 그 시간이 주는 만족감에 한동안 취해 있었을 것이다. 그런데 왠지 해야 할 일을 일부러 외면한 것처럼 이상하게 마음이 편치 않았다. 운동 후에 마시는 그윽한 커피 향도 느껴지지 않았다. 조금 전 제자리에 놓고 온 다육이들과 며칠 전 TV에서 보았던 꼬질꼬질한 강아지가 오버랩 되었다. 파양당한 반려견의 불안한 눈빛. 오고 가는 사람들을 두리번거리며 주인을 기다리던 짠한 모습. 또 버려지는 아픔을 두려워하며 애타게 사람들을 살피던 강아지….

'내가 무슨 짓을 한 거지?'

마시던 커피잔을 내려놓고 부리나케 엘리베이터 안으로 뛰어들었다. 그사이 누군가 다육이를 가져갔을지 모른다는 생각을 하니 아래층으로 내려가는 숫자의 바뀜 속도가 거북이걸음만큼이나 답답하기만 했다.

'휴, 그대로 있었네. 미안하다 애들아.'

다시 화분 두 개를 집어 들고 가슴에 폭 안았다. 나를 올려다보는 녀석들의 얼굴에 원망 조금 기쁨 한가득한 표정이 서려 있었다.

작은 화분들을 깨끗하게 닦은 후 이번에는 화장실이 아닌 거실 창문턱에 나란히 놓았다. 시간 간격을 두고 햇살바심을 위해 조금씩 자리를 옮겨 주었다. 키 큰 벤자민과 고무나무 사이에 끼여 있는 모습이 새끼 강아지가 꼬물거리던 모습만큼이나 앙증맞고 사랑스러워 보였다.

뒤늦게 다육 식물 키우는 법을 검색해 보니 다양한 정보들이 올라와 있었다. 다육 식물 자체가 대부분 물로 구성되어 물을 자주 주지 말아야 한다는 것. 분갈이를 할 때 도자기 화분보다 토분이 좋다는 것. 특히 햇빛이 관건이라 가능하면 베란다 바깥쪽이나 노지에서 키워야 한다는 것 등등. 아뿔싸, 다육 식물을 어디에서나 잘 자라는 전천후 식물로 착각하고 화장실 소품처럼 키우려고 했던 나의 무지에 얼굴이 화끈거렸다. 하마터면 뿌리를 내리며 쑥쑥 자라날 다육이들에게 못된 짓을 할 뻔했다.

우리 집의 새 식구가 된 다육이들에게 '올망이 졸망이'라는 이름을 지어 주었다. 별 모양의 초록 어린잎이 살짝 고개를 내민 모습이 앙증맞아 붙여 준 이름이다. 언제 푹풍처럼 자라서 그 이름을 떼어 버릴지 모르지만 말이다. 지금 녀석들은 창문턱에서 키 큰 식물들에게 질세라 까치발을 하고 햇빛 바라기에 열심이다. 나는 작은 물조리개로 요리조리 물을 주며 화분 속에서 펼쳐질 신비한 마법을 기대하고 있다. 작은 꽃술도 귀하게 여기는 마음으로 새 식구들을 바라보고 있다.

그건 소설 아닌가요

 어떤 소설은 읽다 보면 책 속에서 헤맬 때가 종종 있다. 복잡한 이야기 전개나 지나치게 많은 인물들의 등장으로 정신을 바짝 차리지 않으면 맥락을 놓치게 된다. 그런 책이라도 사실 다 읽고 보면 책의 주제는 지극히 단순하다. 작가는 단순한 진리를 전달하기 위해 고도의 장치들을 숨겨놓아 독자를 꼼짝 못하게 하는 능력을 발휘한다. 그것이 소설을 읽는 묘미임은 분명하다.
 각설하고, 사람들은 삶에서도 소설처럼 복잡한 것을 선호하는 경향이 있는 것 같다. 그냥 단순하게 생각하면 되는데 의미를 갖다 붙이고 복잡하게 해석하려다 보니 '소설 쓰고 있네'는 현실과 괴리된 부정적 의미로 쓰이는 문장이 되고 말았다.

  십여 년 전의 일이다. H 건설 회사를 다니시던 시아주버님께서 명퇴를 하셨다. 한동안은 취미생활로 소일하시다가 느닷없이 과수원 땅을 산다고 하셨다. 충주에 나온 만 평의 땅인데 원래 사과 과수원을 하던 부지라 사과나무는 기본으로 심어 있고, 저온 창고, 물탱크, 간이 휴식 공간까지 있어 사기만 하면 그대로 과수 농사를 지을 수 있다는 것이다. 문제는 만 평이다 보니 부지가 넓어 당신 혼자 사시기에는 비용이 부담이셨나 보다. 시댁은 가족이 단출해 남자 형제는 아주버님과 남편뿐이고, 여자 형제로 시누이 한 분이 계신다. 아주버님은 남편에게 과수원에 투자할 것을 제의하셨고, 남편은 망설임 없이 2천 평을 사겠다고 했다. 우리는 그야말로 아주버님의 비용 부담을 덜어주는 차원에서, 그리고 미래를 대비해 시댁의 과수원에 조금의 땅을 사 둔다는 차원에서 투자 아닌 투자를 한 것이다. 그러다 보니 서류상으로 복잡한 절차를 거쳐야 하는 등기 문제는 염두에 두지 않았다. 아주버님의 명의로 만 평에 대한 등기가 발급되었고, 우리는 묵시적으로 일부의 지분을 소유한 상태가 된 것이다.

여기서부터 소설이 시작된다. 우리 사정을 익히 알고 지내는 지인들의 조언들이 쏟아졌다. '거래는 형제간일수록 확실해야 한다', '나중에 분쟁의 소지를 없애려면 반드시 가등기라도 해야 한다', '등기가 아니라면 서면 계약서라도 작성해 두어야 한다' 등등. 모두 걱정하는 마음으로 해 주는 말이라는 것은 알지만 우리 부부, 특히 남편의 마음은 뒷산의 바위처럼 한결같았다. 형제간에는 남과 거래하듯 야멸차게 절차를 밟을 필요가 없다는 것이 남편의 지론이다. 나도 남편과 생각이 다르지 않으니 부창부수라고 해야 할까. 상황을 가정해 등기가 아주버님 명의이니 과수원이 온전히 시댁의 것이라고 주장해도 괜찮다는 것이다. 그동안 자라면서 형이 늘 가족을 위해 희생했고, 남편의 대학 생활도 형의 뒷바라지가 있었기에 걱정 없이 마칠 수 있었다는 것이다. 무엇보다도 형과 형수가 지금까지 고향에서 증조할머니와 어머니 두 분을 극진히 모시는 동안 도시에서 편히 생활하고 있는 자신은 늘 죄지은 느낌이라 형이 어떡하든 처분대로 따른다는 것이다. 남들이 들으면 현실과 동떨어진 성인군자 같은 소리라고 할지도 모르겠다. 하지만 나는 안다. 그렇게 말하는 남편의 마음 밑에는 형과 형수에 대한 존경과 신뢰가 두텁게 깔려 있다는 것을.

올해로 아주버님께서 사과 농사를 지은 지 15년째이다. 워낙 부지런함이 몸에 밴 분이라 새벽에 일어나 해 뜨기 전에 과수원에 나갔다가 저녁 무렵에야 집으로 돌아오신다. 풀을 깎고, 퇴비를 주고, 긴 호스를 끌고 다니며 물도 뿌리신다. 일손 구하기가 어려워 전지 작업도 직접 하신다. 과수 농사에 대해 모르는 나도 잘 가꾸어진 상태의 과수원을 보면 그 넓은 땅을 일꾼 없이 혼자 일궈 나가는 것이 만만치 않은 일이라는 것쯤은 충분히 짐작하고도 남는다. 아마도 도시에서 직장 생활을 하고, 사무실에서 서류만 만진 남편은 엄두도 못 내는 일이었을 것이다. 아주버님이기에 가능한 일이다. 누가 뭐라 해도 과수원과 아주버님은 한 몸이나 진배없다.

명절에 내려가면 그동안의 작황을 들뜬 목소리로 자세하게 전해 주신다.

"제수씨, 이제 사과 농사 걱정 없어요. 이 일대에서 우리 과수원 같은 사과 맛을 내는 곳이 없거든요. 왜 몇 해 전에 불도저 작업으로 과수원 비탈을 밀어 평평하게 만들었잖아요. 그때 새로 심었던 신품종들이 맛도 크기도 1등급 상품이라 직판장에서 최고 인기예요. 올해 작황대로라면 앞으로는 회사 다니는 동생 연봉보다 훨씬 괜찮을걸요. 껄껄."

분명 조금 부풀려 한 말일 것이다. 옆에 있는 형님이 제수씨한테 쓸데없이 떠벌린다고 핀잔을 주시지만 난 그런 아주버님의 너스레가 싫지 않다. 덩달아 기분이 좋아진다.

그런데 올해 초 시아버님 제사로 시댁에 내려갔을 때 뜻밖의 소식을 들었다. 과수원 옆으로 대규모 공장이 들어선다는 소문이 돌고 있다는 것이다. 그 때문인지 외지인들이 오가고 측량 기사들이 일하는 모습도 가끔씩 눈에 띈다는 것이다. 나는 아주버님께 공장이 들어서는 것이 좋은 일인지 물었다. 과수원이 공장 부지로 편입되면 땅은 물론이고, 사과나무 한 그루 한 그루에 대한 보상금이 나와 농사를 짓는 것보다 훨씬 낫다고 하신다. 그래서 인근 주민들도 은근 공장이 들어서길 기대하고 있는 모양이다.

이를 두고 또 한 편의 복잡한 소설이 전개된다. '이제라도 늦지 않았으니 보상이 진행되기 전에 등기를 해 두어라', '금액이 커지면 사람의 마음이 달라지기 마련이다', '자식들이 성장했으니 명확히 해 두지 않으면 자식들 분쟁으로 이어진다'…. 어떤 지인은 호언장담한다. 과연 요즘 보기 드문 형제간의 미담으로 끝나는지 지켜볼 일이라며 그렇지 않다는 쪽에 한 표를 걸겠다고 말이다. 그래도 우리 부부는 요지부동이다. 세상의 일반적인 잣대를 적용하고 싶지 않다.

  소설은 소설이고 삶은 삶이다. 우리들의 삶을 소설처럼 복잡한 플롯으로 만들지 말았으면 좋겠다. 복잡함보다는 단순함을, 충격적 결말보다는 잔잔한 해피엔딩의 삶으로 만들어 가기를 바라고 있다. 나는 지금 택배를 기다리고 있다. 아주버님이 보내 주시는 사과 한 상자가 나를 설레게 한다.

| 에필로그 |

사막에서 자동차로 길을 갈 때는
타이어에 공기를 가득 채우고 가는 것보다
약간 공기를 빼고 가야 훨씬 수월하다고 한다.
우리네 삶도 마찬가지 아닐까?
인생 후반의 문턱에 이르고 나서야 꽉 물었던 이를 풀고
잔뜩 힘이 들어간 어깨를 내리고 나니
모든 것이 매혹적으로 보이기 시작했다.
온갖 생명으로 꿈틀거리는 자연이 그렇고
인간의 의무를 다하며 분주히 살아가는 사람들이 그렇고
새로운 시도와 도전으로 넘쳐 나는 세상이 또한 그러하다.

그 귀한 매혹들을 담기 위해 글쓰기를 붙들었다.
여전히 문학적 앓음으로 신음하지만
그 앓음이 일상의 동력이 되고 있다.
깊은 물이 소리 없이 흐르듯
그렇게 계속 쓰기로 했다.

시인과 사골국

ⓒ 최도이, 2025

초판 1쇄 발행 2025년 12월 5일

지은이	최도이
펴낸이	이기봉
편집	좋은땅 편집팀
펴낸곳	도서출판 좋은땅
주소	서울특별시 마포구 양화로12길 26 지월드빌딩 (서교동 395-7)
전화	02)374-8616~7
팩스	02)374-8614
이메일	gworldbook@naver.com
홈페이지	www.g-world.co.kr

ISBN 979-11-388-5082-7 (03810)

- 가격은 뒤표지에 있습니다.
- 이 책은 저작권법에 의하여 보호를 받는 저작물이므로 무단 전재와 복제를 금합니다.
- 파본은 구입하신 서점에서 교환해 드립니다.